현대무역실무 시뮬레이션

MODERN INTERNATIONAL TRADE SIMULATION

김재성 · 박세훈 지음

아카데미프레스

머리말

세계적으로 자유무역과 FTA의 확산은 우리나라도 예외는 아니어서 EU에 이어 미국과도 FTA 협정을 마치고 비준을 눈앞에 두고 있다. FTA의 확산에 따라 이익을 얻는 집단과 피해가 예상되는 집단이 충돌하는 것도 무리는 아니다. 그렇지만 자유무역과 세계화의 확산은 세계적인 추세로 어느 한 나라와 국민이 저항할 수 없는 지경에 이르게 되었다.

뿐만 아니라 우리나라의 무역의존도는 2000년 77.5% 정도에 머물던 것에서 2011년 113.2%에 이르는 무역의존도를 보이고 있다. 유럽발 재정위기와 같은 현재의 상황을 극복하기 위해서는 우리 정부와 기업이 현재 상황을 냉철히 인식하고 보다 적극적으로 대처하여 지금의 경제적 어려움을 극복하기 위한 노력이 필요하다.

그 동안 많은 중소기업체를 상담하면서 세계시장에서 충분히 통할 수 있는 기술과 상품을 갖고 있으면서도 실제적으로 무역을 어떻게 진행하여야 할지 모르고, 현장에서는 무역전문 인력이 부족하여 좋은 기회를 놓치는 경우를 많이 보았다.

또한 학생들을 대상으로 강의하면서 학생들에게 무역지식과 이론을 유기적으로 활용할 수 있도록 노력해 왔지만, 학생들에게는 현장의 경험이 부족하고 기업에게는 현재의 상황을 설명할 수 있는 이론적 배경이 취약함을 해결하지 못하는 어려움이 있었다.

이러한 배경에서 이론과 실무를 최대한 접목하여 비록 완성이라고는 할 수 없으나 초중급 과정에서 무역실무를 이해할 수 있는 과정이 되도록 본 졸저를 구성하였다.

이 책을 저술하면서 여러 학자들의 저서 및 연구와 한국무역협회, 관세청, 대한상사중재원 실무자료가 많이 도움이 되었음을 밝힌다.

2012년 8월 필자 씀

차 례

제1장 무역업 준비단계

제2장 무역 계약단계

제3장 무역 이행단계

제4장 무역거래의 사후관리

제 1 장

무역업 준비단계

Ⅰ. 무역창업을 위한 준비

1. 무역거래의 의의

무역은 국경을 초월하여 이루어지는 모든 국가간 거래를 포함하는 개념이다. 과거에는 물품의 거래로만 한정하여 무역거래로 보았다. 그런데 현재에 이르러는 문화와 기술의 급속한 발전으로 물품 거래뿐만 아니라 서비스 거래를 무역에 포함하여 국가 사이에 이동하는 모든 유형의 거래를 무역거래로 본다.

따라서 무역의 대상에는 전통적 의미의 물품매매는 물론이고 전자적 형태의 무체물[1)], 용역의 제공 등 모든 형태의 거래가 포함된다. 무역의 대상은 이처럼 다양하나 그 기본 속성은 국가간 거래라는 점에 있다는 것을 분명히 이해해야 한다.

그러나 한정된 시간에 이 모든 거래 형태를 다룰 수는 없으므로 본서에서는 실무적으로 자주 이용되는 물품(상품)의 거래를 중심으로 설명하기로 한다.

---

1) 소프트웨어산업진흥법 제2조 1호의 규정에 의한 소프트웨어, 부호, 음성, 음향, 이미지, 영상 등을 디지털방식으로 제작하거나 처리한 자료 또는 기타 이와 유사한 전자적 형태의 무체물.

2. 무역계약의 주체와 대상

계속 반복적으로 무역업을 영위하는 자를 무역의 주체라고 한다. 우리나라의 대외무역법에서는 무역거래자[2)]라고 한다. 기본적으로 판매자와 구매자로 구분하고 이를 정부의 관점에서 수출자, 수입자라 부른다. 수출자는 계약목적물과 통관서류를 인도하고, 수입자는 계약목적물을 수령하고 대금을 지급해야 할 의무가 있다.

1) 무역의 주체

모든 거래는 당연히 수출자와 수입자가 본인의 입장으로 직접 거래당사자가 되는 것이 가장 바람직하지만 거래를 실현하기 위해서 대리인이 거래당사자의 이행보조자로 활동하는 경우가 많다. 거래의 실현은 본인 또는 대리인 누구를 통하더라도 문제가 되지 않지만, 대리인과의 거래에서는 정당한 대리권한으로 거래하는 것인지 확인할 필요가 있다.

2) 무역의 대상

무역거래의 대상으로서 객체는 거래대상에 따라 유형무역(visible trade)과 무형무역(invisible trade)으로 나눌 수 있다. 본서에서는 유형물품의 거래를 중심으로 살펴보기로 한다.

일상생활에서는 물품이라는 개념보다는 상품이라는 용어가 더 친숙하고 이해하기 쉽다. 그렇지만 국제거래에서는 완성된 상태로서 상품만이 거래대상이 되는 것은 아니다. 그 상품을 만들기 위한 과정으로서 반제품과 원자재가 있고, 현존하고 있지 않은 미래의 선물도 그 대상이 된다. 따라서 본서에서는 넓은 의미에서 물품이라는 용어를 사용하지만, 물품이라는 용어가 익숙하지 않다면 상품으로 이해하여도 좋다.

---

2) 대외무역법상 무역의 주체는 무역업자(수출 또는 수입을 하는 자), 무역대리업자(외국의 수입자 또는 수출자의 위임을 받는 자), 무역위임자(수출입을 위임하는 자) 및 무역대행자(수출입의 위임을 행하는 자)를 통합하는 무역거래자(貿易去來者)

3. 주계약과 종속계약

국제상거래는 물품의 인도와 대금결제를 동시이행하는 것이 원칙이다. 그러나 현실적으로는 대부분의 거래에서 무역거래는 여기에 국제운송과 무역보험이 추가된다. 이러한 사정으로 무역거래는 동시이행 조건으로 거래를 완료하기는 사실 불가능하다.

그러므로 국제상거래에서 거래당사자는 이러한 사정을 고려하여 주계약으로서 매매계약 이외에 국제운송계약, 보험계약, 대금지급계약과 같은 종속계약을 알고 있어야 한다. 주계약의 내용에 따라 종속계약에서의 책임과 위험비용 부담의 내용이 자동으로 결정된다.

거래 유형		국제 무역규범
주계약	매매계약	CISG, INCOTERMS®2010, NY Convention
종속계약	운송계약	Hague-Visby Rule, Warsaw Convention
	보험계약	MIA
	결제계약	URC522, UCP600, ISBP

4. 통관

무역거래가 계약목적물을 거래하는 과정에서 이익을 추구하는 관점에서는 국내거래와 동일하다. 그러나 국내거래는 동일지역거래이므로 별도의 통관[3)]이 필요하지 않으나 무역거래는 수출과 수입에 따른 각각의 통관절차를 이행하여야 한다.

우리나라에서는 대외무역법과 관세법에 따라 적법한 수출입통관 절차를 이행하여야 하고, 그 절차와 내용은 상호주의에 입각하여 대부분의 국가에서 유사한 관련 규정을 마련하고 있다. 과거에는 이러한 내용을 WTO 규정으로 협의하였으나, 최근에는 지역별 또는 공동의 이익을 추구하는 국가 사이에 FTA 규정을 마련하고 있다.

3) 통관(通關, customs clearance): 수출 또는 수입하려는 화물을 일정한 장소에 반입하고, 세관 검사를 거쳐 수출허가 화물을 외항선이나 국제선 항공기에 적재하거나 또는 수입허가 화물을 국내에서 인수할 때까지의 일련의 절차이다.

5. 무역위험의 유형

1) 신용위험(Credit risk)

수출자가 계약목적물을 인도하였으나, 수입자로부터 수출대금을 정상적으로 회수할 수 없는 위험이다. 수출자는 신용위험을 최소화하기 위하여 거래물량과 단위를 가능한 한 최소화하거나 선지급 결제방식을 추구하게 된다.

2) 상업위험(Mercantile risk)

수출자의 약정된 계약목적물을 계약조건에 따라 인도하지 않을 경우에 발생하는 위험이다. 수입자는 상업위험을 최소화하기 위하여 물품 수령 확인 후 대금을 지급하거나, 수출자가 선적서류를 제시한 이후 대금을 지급하는 조건을 선택할 수 있다.

3) 운송위험(Transportation risk)

무역거래의 지리적 특성으로 인하여 수출자가 지정된 목적지까지 물품을 운송하는 과정 중에 물품의 멸실, 파손, 지연으로 인하여 발생하는 위험이다. 즉, 물품이 수입자에게 인도되기까지 시간 · 공간의 차이로 인하여 물품 자체에 물리적 손실이 발생할 가능성을 말한다.

4) 환위험(Foreign exchange risk)

국제무역거래에서 매매계약의 시기, 선적과 인수시기, 대금결제시기 등에 있어서 시간차이가 존재하기 때문에 시차동안에 발생하는 환율변동으로 인한 위험[4)]이다.

5) 비상위험(Contingency risk)

수입국의 전쟁, 내란, 폭동, 태업 등으로 발생하는 위험, 수입국의 환거래 제한, 환

4) 이국 간의 지급통화가 다르고, 지급도 물품의 인도와 동시에 이루어지는 경우는 거의 드물다. 이 경우 이러한 위험은 선물환시장(forward exchange market)에서 환을 미리 매도, 매입함으로써 회피할 수 있다. 그 외에 무역보험공사의 수출환변동보험을 통해서 회피할 수 있다. 실무적으로는 계약서상에 결제통화를 수출자의 입장에서는 자국통화로 하면 환위험을 피할 수 있고 마찬가지로 수입자의 입장에서는 결제통화를 자국통화로 하면 환위험을 피할 수도 있다.

거래 중지, 지급유예로 인한 경제적 위험, 수입국 정부의 수입제한, 수입금지, 관세인하, 외환부족에 따른 결제의 지연에 따라 발생하는 위험이다.

6. 수출자와 수입자의 의무

1) 수출자의 의무

무역거래에서 수출자는 수입자와의 계약과 일치하는 물품과 이와 관련된 서류 일체를 인도하여야 한다. 일차적으로 수출자는 자신이 체결한 계약을 이행하기 위하여 정상적인 방법으로 물품을 생산, 조달, 공급하여야 한다. 이차적으로 그러한 물품이 정상적인 절차에 따라 인도되는 것임을 서류로 입증하여야 한다.

국제무역거래는 수출자와 수입자가 직접 만나서 거래하는 것이 아니기 때문에 수출자는 자신이 정당한 물품을 인도한 사실을 서류에 의한 간접적 증거하는 각종 서류를 제시한다. 통상 이러한 서류를 선적서류(shipping document: S/D)라고 부른다.

선적서류는 수출자가 수입자에게 계약을 정상적으로 인도했음을 증명하는 것 이외에도 수출입통관 과정에서 요구가 있을 때에는 제출하여야 한다. 그리고 선적서류는 수입지 정부가 요구하는 다양한 수입조건을 충족하고 있음을 입증하여야 한다.

수출자가 수입자에게 선적서류를 이전[5]하는 것으로 실질적인 물품의 인도가 완료되며, 선적서류의 완전한 이전과 양도는 그 소유권이 실질적으로 수입자에게 이전되는 것을 의미한다.[6]

2) 수입자의 의무

실질적으로 수입자는 수출자와의 계약을 체결한 이후 물품과 선적서류가 최종 도착하면 물품을 수령하고 대금을 지급하여야 한다. 현실적으로는 물품과 서류가 동

---

5) United Nations Convention on Contract for International Sale of Goods(이하; CISG) Article 30.

6) 국제물품매매에서는 소유권의 이전(transfer the property)을 인도(delivery)로 대신 사용한다. 이유는 소유권이전은 물품의 점유권, 처분권 등을 매도인에서 매수인으로 이전해야 하는데 국제거래에서는 현실적으로 계약의 이행과정에서 제3자가 개입되기 때문에 국제물품매매계약에서 소유권의 이전을 논하기는 어렵다.

시에 도착하지 않고 대부분 선적서류가 먼저 도착하면 대금을 결제하고, 그 이후에 도착한 물품을 수령하게 된다.[7)]

수입자는 수출자와의 계약조건에 따라 수입자가 운송계약과 보험계약을 체결해야 하고, 그에 관한 내용을 수출자에게 통지해야 할 의무가 있는 때도 있다. 이러한 경우에 수입자가 그 의무를 충실히 이행하지 못한다면 수출자는 선적을 이행할 수 없으므로 특별히 주의하여야 한다.

이러한 순서에 따라 수출자가 보낸 선적서류가 수입자에게 도착하면 수입자는 계약조건과 선적서류조건이 일치하는지 확인하고 대금을 결제해야 할 의무가 있다.

그렇게 인수한 선적서류로 수입통관절차를 이행하고 물품이 도착하면 운송회사로부터 물품을 수령하게 된다.

구분	무역거래 의무
수출자	물품인도, 선적서류인도, 소유권이전
수입자	대금지급, 선적서류인수, 물품수령

Ⅱ. 무역업 창업

1. 무역업 창업 예비절차

무역업을 창업하고자 하는 경우에는 무역형태(업종) 및 품목을 선적하고, 사업계획을 수립하는 등 창업예비단계를 거친다.

무역업종 선정시에 무역창업자는 수출입을 모두 할 것인지 아니면 수출 또는 수입만을 할 것인지를 결정하여야 하고, 품목선정시에 무역업 창업자가 유의하여야 하는 것으로 시장성, 수익성, 전문성 등을 검토하여야 한다. 먼저 시장성 검토

7) 국제거래에서는 수출자와 수입자의 거래가 형평성의 원칙에 따라야 하지만 계약이행의 부담측면에서 수출자가 수입자보다 무거운 부담을 지고 있으므로 같은 조건인 경우에 수출자를 보호하는 쪽으로 판단한다.

시에는 기존의 유사제품과 차별화, 충분한 틈새시장의 유무, 타사에 의한 모방가능성을 검토하여야 하고, 수익성 검토시에는 수익성의 유무 및 지속적인 검증이 필요하고, 마지막으로 전문성 검토시에는 무역업 창업자 자신의 성격, 인맥, 자금력 등을 검토하여야 할 것이다.

무역업 사업계획수립시에는 사업의 개요, 범위, 조직계획, 상품조달계획, 시장현황과 판매계획, 재무계획 및 자금계획 등을 수립하여야 할 것이다. 구체적으로 살펴보면 다음과 같다.

첫째, 사업의 개요에는 회사 및 대표자명, 사업추진 동기 및 추진일정 등을 확정하여야 한다. 둘째, 사업의 범위에서는 사업의 업태, 업종, 취급품목 등을 결정하여야 한다. 셋째, 조직계획에서는 업무조직, 직무별 소요인원, 외부조직체계 등을 결정하여야 한다. 넷째, 상품조달계획에서는 취급품목의 범위, 물품공급업자와의 관계 등을 결정하여야 한다. 다섯째, 재무계획에서는 원가분석, 추정손익계산서, 손익분기점 분석 등을 분석하여야 한다. 여섯째, 자금계획에서는 총소요자금계획, 자금차입 및 상환계획 등을 수립하여야 한다.

〈표 1-1〉 무역업 창업 예비절차

무역업의 창업을 하고자 하는 경우에는 무역형태(업종) 및 품목을 선정하고, 사업계획을 수립하는 등 창업예비단계를 거친다.

단계	구분	내용
업종·품목 선정	업종	수출입모두, 수출무역 또는 수입무역만의 이행여부 결정
	품목	◆ 시장성 : √ 기존의 유사제품과의 차별화 √ 충분한 틈새시장의 유무 √ 타사에 의한 모방가능성 여부 ◆ 수익성 : 수익성의 유무 및 지속적인 검증 필요 ◆ 전문성 : 창업자 자신의 성격, 인맥, 자금력 등
↓		
사업계획수립		사업의 개요 : 회사 및 대표자명, 사업추진동기 및 추진일정 등 사업의 범위 : 업태, 업종, 취급품목 결정 조직계획 : 업무조직, 직무별 소요인원, 외부조직체계 등 상품조달계획 : 취급품목의 범위, 물품공급업자와의 관계 등 시장현황과 판매계획 : 동종업계현황, 판매전략, 가격정책 등 재무계획 : 원가분석, 추정손익계산서, 손익분기점 분석 등 자금계획 : 총소요자금계획, 자금차입 및 상환계획 등

2. 무역회사 설립절차

무역업의 창업예비절차를 거친 후에는 사업자 등록신청을 하고 한국무역협회에 무역업고유번호 신청[8] 등 무역회사 설립절차단계에 진입한다. 구체적인 무역회사 설립절차는 〈표 1-2〉와 같다.

〈표 1-2〉 무역회사 설립절차

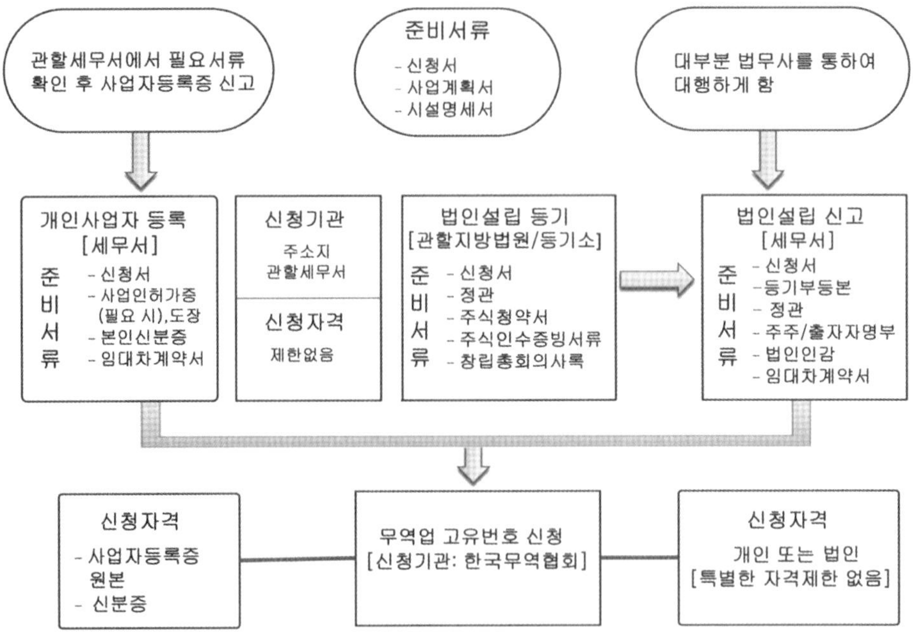

3. 사업준비 및 개시

무역업 창업예비절차 및 무역회사 설립절차를 거친 후 사업준비 및 개시단계에 진입하게 된다. 사업준비단계에서는 컴퓨터 장비 구입, 도메인네임 확보, 홈페이지 구축, 웹호스팅의 여부, 인터넷 연결 등을 하여야 하고, 사업개시단계에서는 제품홍보, 사업계획보완 및 사업을 본격적으로 추진하게 된다. 구체적인 사업준비 및 개시단계는 〈표 1-3〉과 같다.

8) 무역업고유번호는 한국무역협회에 온라인을 통하여 신청하면 된다(www.kita.net).

〈표 1-3〉 사업준비 및 개시

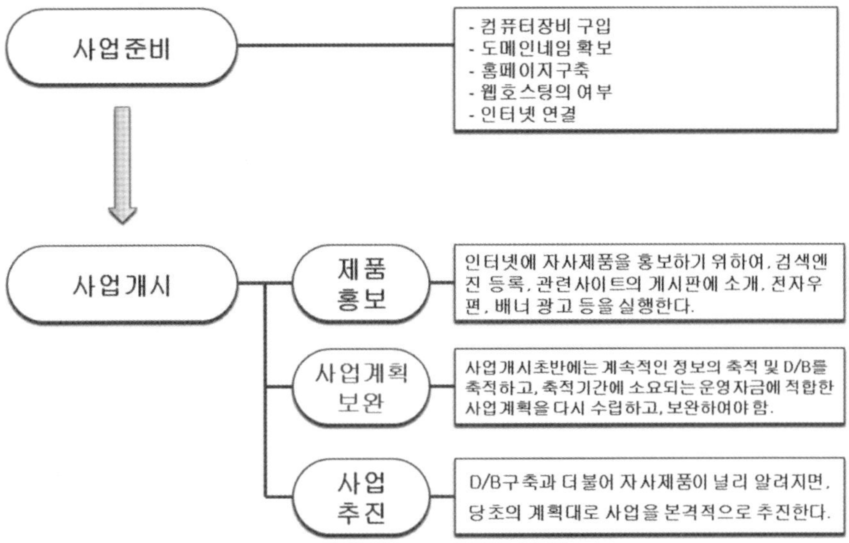

4. 주요기관별 무역창업 지원정책

1) 중소기업진흥공단[9)]

중소기업진흥공단에서는 해외전시회, 수출인큐베이터, 수출상담회, 무역사절단, 비즈니스출장, 해외시장조사 등을 지원한다.

2) 중소기업청 수출도우미[10)]

중소기업의 수출관련 애로사항이 전문화, 다양화됨에 따라 국가 · 전문분야 · 품목별 수출전문가 그룹을 구축하여 수요자인 중소기업이 맞춤형으로 지도 · 자문을 받을 수 있도록 전문 컨설팅비용을 지원한다. 구체적으로 살펴보면 〈표 1-4〉와 같다.

9) http://www.sbc.or.kr/
10) http://www.esnet.go.kr/

〈표 1-4〉 중소기업청 수출도우미

구분	수출 Clinic	FTA 컨설팅
지원대상	내수기업 및 전년도 직수출실적 200만불 이하 중소기업	전년도 직수출실적 500만불 이하 중소기업
자문내용	시장개척, 무역실무 등 수출애로 상담	FTA 대응전략 및 관세 환급 등
참여전문가	일반 수출전문가	관세사 등 FTA 전문가
지원한도	100만원×2회	150만원 ×2회
업체부담*	10%(1회차), 30%(2회차)	30%(각 회당)

*자문약정 금액의 10%~30%와 지원한도를 초과하는 금액

3) 기술보증기금[11)]

기술보증기금에서는 예비창업, 창업보육기관 연계, 기술창업보증 및 컨설팅을 지원한다. 구체적인 지원은 〈표 1-5〉와 같다.

〈표 1-5〉 기술보증기금 지원업무

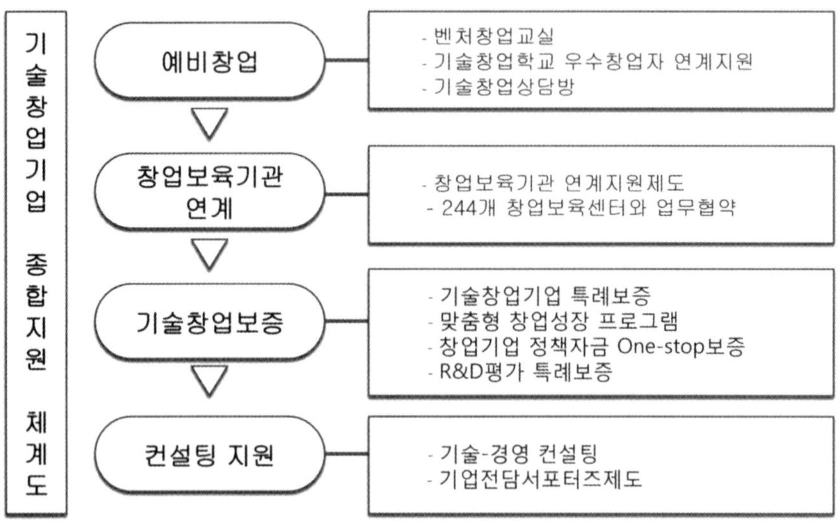

11) http://www.kibo.or.kr

5. 수출입물품확보

1) 수출물품확보

수출승인을 받은 후 수출물품을 확보하기 위해서는 물품을 자체 생산하거나 아니면 협력업체에 하청을 주어 완제품을 구매해야 한다. 또한 수출물품을 제조 · 가공하는 데 소용되는 원자재는 일반적인 수입절차에 따라 외국에서 직접 수입을 할 것인지, 국내에서 조달 또는 구매할 것인지를 결정해야 한다.

수출물품을 국내에서 구매하는 경우는 대금결제방법에 따라 현금결제방법, 어음결제방법 그리고 내국신용장 또는 구매확인서를 통한 결제방법이 있다.

특히 내국신용장(Local L/C)[12]으로 거래하거나 구매확인서[13]에 의해 물품을 조달하면, 국내거래임에도 불구하고 이를 수출로 인정해 외화표시로 거래하면서 수출물품 구매자 또는 공급자에게 수출에 대해 주어지는 여러 가지 혜택을 부여하고 있다.

〈표 1-6〉 수출물품의 국내 구매방법

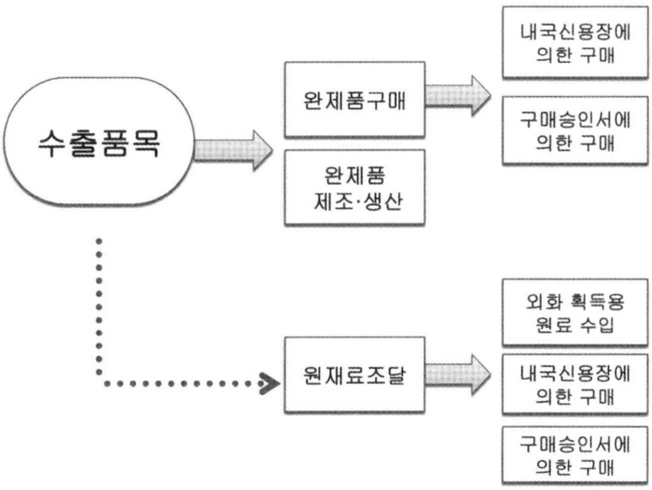

12) 내국신용장은 수출자(과거수출실적 또는 융자대상증빙을 보유한 수출자)의 요청에 따라 내국신용장을 개설하는 외국환은행이 국내에서 수출용 원자재 또는 완제품을 수출자에게 공급하는 국내업체에게 지급약정을 하는 국내용 신용장이다.

13) 구매확인서는 국내에서 생산되거나 수입된 물품을 외화획득용 원료 또는 물품으로 사용하기 위하여 구매하고자 하는 경우 외국환은행의 장이 내국신용장에 준하여 발급하는 증서이다.

2) 수입물품확보

수입물품의 확보는 직접 수입하거나 구매대행을 통하여 할 수 있다. 수입물품은 수입자의 경우에 시장의 유행, 시장의 규모, 분야별 가능성을 점검하고 자신이 가장 잘 아는 품목을 선정하는 것이 중요하다.

직접적으로 수입물품을 확보하는 방법은 전시회나 온라인 마켓[14)]을 통하여 선정할 수도 있다. 또는 수입물품을 구매 대행할 수 있는 사이트를 인터넷 검색하면 아래 〈표 1-7〉과 같이 수많은 업체를 찾을 수도 있다.

〈표 1-7〉 구매대행 사이트

중국광주민박무역**구매대행** cafe.daum.net/dongbangmotel1
중국에서상주하면서 무역, 물류, 구매시장조사하여드립니다**구매대행**

한진 이하넥스 **구매대행** www.ehanex.com
수수료 NO, 1Lb 운송료 $10, 경제적이고 안전한 미국LA, NJ**구매대행**.

구매대행 ebay쇼핑 ebay.auction.co.kr
ebay**구매대행**, 경매부터 배송까지 책임지는 안전보험, 믿을 수 있는 이베이쇼핑.

구매대행 놀라운 바이매니아 buymania.co.kr
빠른 **구매대행**, DE NJ 배대지 보유, 저렴한 배송비

믿을수있는 **구매대행** 지오패스 www.geopass.com
ebay와 옥션의 경매 및 **구매대행**, 구매에서 배송까지 토탈서비스, 배송기간보장.

센스있는 해외쇼핑 피프티 50fifty.co.kr
믿을수있는 **구매대행**. 폴로, 빅토리아시크릿, 코치 등 가격비교 필수!

구매대행 브랜타임 www.brantime.com
구매대행 전문, 폴로, 타미, AE, 트루릴리전, 디젤, 얼반, 마이클코어스 등.

해외 **구매대행** 대표 품바이 www.poombuy.com/
탐나는브랜드 **구매대행**, 최대50%할인, 7%추가할인, 즉시배송, 남다른 셀프쇼핑

구매대행 us1472 us1472.com
NO TAX, 미국**구매대행**, 배송대행전문, 수수료 무료, 비용절약, 신규회원할인.

---

14) 예컨대 ebay.com, alibaba.com 등을 통하여 알아볼 수 있다.

생각해 보기

1. 한국 경제에서 개인과 기업에게 무역이 왜 필요한 것입니까?

2. 무역에서 수출자가 제시하는 선적서류가 중요한 이유는 무엇입니까?

3. 무역업을 창업하는 경우에 사업계획수립서에 포함해야 할 내용은 무엇입니까?

제 2 장

무역 계약단계

1. 무역기본서식 작성

1) Inquiry

해외시장조사 및 거래선 명단확보를 마친 당사자는 거래상대방에게 자사를 알리기 위하여 거래제의서(inquiry)를 발송한다. 이 때 실무상 유의할 점은 자사에 대한 과장된 표현보다는 연혁, 생산취급품목, 평균 실적, 제품의 가격경쟁력, 품질의 우수성 등을 객관적으로 표현하는 것이 좋다.

무역거래는 기본적으로 이익을 위한 것이지만 자신만의 이익이 아닌 상대방을 고려하여 상호이익을 바탕으로 준비하여야 한다. 만일 자신에게만 유리한 조건만을 제시하고 이에 관한 조금의 양보도 고려하지 않는다면 거래처를 확보하기 어렵게 된다.

수출자의 거래제의서를 받은 수입자는 거래조건이 타당한 경우에 구체적인 거래조건에 대한 조회 답장을 보낸다. 수출자는 조회를 받고 거래선을 상대로 거래하고자 하는 품목에 관한 상세한 정보를 답신으로 전달하여 구매의욕을 고취한다.

수출자와 수입자가 교환하는 거래제의서에는 품질, 수량, 가격, 선적, 지급, 포장, 보험 및 클레임 해결방안 등을 가능한 한 자세히 표시하는 것이 분쟁의 가능성을 예방하는 측면에서 필요하다.

거래제의서에는 일반적으로 상대방을 알게 된 경위, 자기회사 소개, 거래의 기초가 되는 명시조건, 신용조회처 등의 순서로 기술하도록 한다.

(1) 거래처의 소개요청

Q〉

We have been exporting Fishing rods for more than ten years. We want to make connection with reliable firms of your country.

Will you introduce us to any reliable firm in your city? As for our standing and activities we may say we are the best. Any information from you will be much appreciated.

* our standing and activities: 당사의 재정 상태와 영업활동

A〉

In replying to your letter of February 20, 20××, we will give you the name of company as below:

John & Noel Inc.
74 Fifth Avenue
New York, N.Y. 10332

We are sure that this company is reliable and maintain a good reputation. We are unable to make ourselves responsible for them. For any information you want as to their standing, you may keep in touch with them.

We hope our reply will be helpful and of good service to you, and if there is anything more we can do for you, please do not hesitate to let us know.

* maintain a good reputation: 좋은 평판을 유지하다

(2) 거래선 확대 문의

Q〉

We like to extend one of our items, E-BOOK Display set EB-301 with reliable firms in your city. If you have any recommendable friends, will you introduce them to us?

The strongest point of EB-301 is durable and portable. As we maintain a close and constant touch with suppliers in Korea, we will give you the most favourable prices.

Thank you very much and we shall be pleased to reciprocate always.

* the most favourable prices: 가장 저렴한 가격
  = reasonable price
  good price
  low price
  best price

(3) 소개 의뢰서

Q〉

We export merchandise, particularly toys, and stationery for children. We have no agency in your market at present. Now we need to establish a new relationship with a reliable firm in your country.

We will appreciate if you introduce the name of firms enjoying a good reputation in this line of business.

As to our credit standing, we will send you the letter of recommendation by the Korea Chamber of Commerce and Industry.

* enjoying a good reputation in this line of business:
  이 사업 분야에서 평판이 좋다

A1〉

Thank you for your E-mail, Jan. 25.

We want to accept your proposal if your goods prove suitable in price and quality. Will you send us a catalog and price list?

As for payment we agree with your terms and conditions.

Thank you for your proposal and hope it will be profitable to each other.

* payment: 대금결제조건
* terms and conditions: 거래조건

A2〉

We received your fax dated September 15 for MTB and sports wears.

Now we will start business with you and buy your items and its accessories as long as your terms and conditions meet our requirements.

Will you send us your catalogue with a price list with full discount rates and the period of credit.

We are looking forward to receiving your reply ASAP.

* as long as ~ meet our requirements: 당사의 요구조건을 충족한다면
* full discount rates and the period of credit: 할인율과 대금지급 할부기간
* ASAP: 가능한 한 빠른 시간으로(as soon as possible)

Kim & Park Trading Corporation

123, Samsung-Dong, Kangnam-Gu, Seoul, Korea

Tel: 82-2-123-1234, Fax: 82-2-123-1235, www.Kim&Park.com

Mr. Paul Shin October 27, 20XX

President of COM TRADING

10, Tom Avenue, Bluebrook, SW, 100,

Canada.

Dear Mr. Shin:

Your company has been recommended as a major distributor of Computer parts by the Commercial Counselor' s office of the Canada Embassy in Korea.

We, Kim & Park Trading Corp, are one of the largest LED Monitor companies in Korea and exporting the Computer Parts to America as well as European countries. We are proud of our good reputation from our customers due to the high quality and reliable quality control.

When you contact our Internet web-site(*www.Kim&Park.com*), you can find digital catalogues more easily. If you want to know more about our products, please do not hesitate to contact us.

We are looking forward to your early reply.

Best regards,

Jaeseong Kim

President

Kim & Park Trading Corporation

COM TRADING

10, Tom Avenue, Bluebrook, SW, 100, Canada.

Tel: 1-2-200-2200, Fax: 1-2-200-2201, www.comtrading.com

Kim & Park Trading Corporation October 30, 20XX
123, Samsung-Dong, Kangnam-Gu,
Seoul, Korea

Dear Sir,

Thank you for your e-mail of October 27, We were impressed by your items displayed on internet web-site. We have a large chain of retailers and are looking for manufacturers who could supply us with a wide range of LED Monitor.

As we usually place very large orders, we would expect a quantity discount in addition to a 10% trade discount off net list prices, and our terms of payment are normally 60 days D/A.

If these conditions interest you, and you can meet order of over 5,000 sets at a time. Please send us your current catalogue and price list.

Very truly yours,

Paul Shin
President
COM TRADING

2) Credit Research

국제무역거래는 수출자와 수입자가 직접 만나 거래하는 경우가 매우 드물기 때문에 당사자는 신용에 의지하여 모든 거래를 이행할 수밖에 없다. 이 과정에서 상대방에 대한 계약이행 의지와 위험의 가능성에 대하여 신용조사를 실시하는 것이 바람직하다.

그러나 현실적으로 전 세계에 네트워크를 유지하고 있는 다국적기업을 제외하고 한국 중소무역상이 상당한 비용을 투입하여 신용조사를 사전에 실시하기란 대단히 어렵다. 따라서 신용조사가 필요하지만 신용조사를 충실히 하지 못하는 중소무역상들의 입장에서 그 대안이 무엇인지 고민해야 한다.

그러한 대안으로 당사자에게 치명적이거나 손해가 되지 않을 정도로 소규모의 거래로 나누어 여러 차례 반복하여 거래하는 방법을 제시할 수 있다. 이 과정에서 상대방의 상품을 확인하고, 매수인의 대금지급 방법과 절차에 대한 문제 가능성을 확인할 수 있을 것이다.

비록 오랜 기간 동안 거래를 진행한 경우에도 언제라도 사고의 가능성은 상존하고 있으므로 기존의 거래방법과 조건에서 현저히 다른 새로운 조건으로 거래할 것을 요구하는 경우에는 특별히 주의하는 것이 바람직하다.

만일 거래 상대방의 신용을 조사한다면 전통적으로 상도덕(character), 자본(Capital), 능력(Capacity) 등을 중심으로 조사하도록 한다.

구체적인 조사방법으로는 은행조회처나 동업자 조회처를 통해서 확인하는 방법과 전문 조사기관을 활용하는 방법이 있다.

은행조회처나 동업자 조회처를 활용하는 경우에는 현실적으로 이들 은행에 신용조회를 하여도 만족할 만한 신용정보(credit information)를 얻을 수 없는 경우가 많고 때로는 회답이 전혀 없는 경우도 있다.

세계적으로 유명한 신용조사기관으로는 Dun & Bradstreer사(미국), Bradstreet Brish사(영국), Tokyo Mercantile Agency(일본), Auskunft W. Schimmelpfung(독일) 등이 있지만 상당한 시일과 높은 조사비용이 필요하다. 우리나라에는 해외신용조사를 전문으로 하는 기관으로 신용보증기금, 한국수출보험공사, KOTRA 등이 있다.

3) Offer Sheet

청약자(Offerer)가 피청약자(Offeree)에게 매매조건을 구체적으로 제시하여 물품을 판매 또는 구매하겠다는 확정적 의사표시이다.[1)]

무역거래는 기본적으로 불요식거래이므로 특정한 형태와 서식을 요건으로 하는 청약서는 존재하지 않으며 거래당사자 사이에 오해와 혼동이 없도록 구체적으로 확정할 수 있는 내용으로 작성하면 충분하다.

청약서는 발행주체에 따라 selling offer와 buying offer로 구분하고, 구속력을 기준으로 free offer와 firm offer로 구분한다.

청약의 효력은 도달주의를 기준으로 계산하여 청약자가 제시하는 유효기간 이내에 무조건 승낙하여야 거래가 확정된다.

청약서의 필수기재요건은 거래당사자를 특정하고, 명시조건을 중심으로 거래조건을 확정하도록 한다.

명시조건은 매매계약서에 명기되는 조건으로, 일반적으로는 거래의 기본이 되는 품질(quality), 수량(quantity), 가격(price), 선적(shipment), 지급(payment), 포장(packing) 및 보험(insurance) 등의 조건과 불가항력(fore magical), 중재(arbitration), 준거법(governing law) 조건 등이 있다.

명시조건 중 품질, 수량, 가격, 선적 등의 기본적 조건은 거래할 때마다 offer와 acceptance를 통하여 확정되는 반면 불가항력이나 중재조항 등은 거의 모든 거래에 공통적인 조항으로 변동해야 할 필요가 없는 조항이다.

국제거래의 신속성과 편의성이 확보되기 위해서는 가능한 한 명시조건은 간단 · 명료하여야 하고, 공통적인 조항은 미리 일반협정서(General Agreement)를 통하여 확정해 두는 것이 좋다. 가변조항은 명시조건으로서 offer와 acceptance로 확정하는 것이 좋다.

---

1) 무역거래에서 청약서는 비엔나협약의 청약에 관한 규정을 기준으로 설명하고 작성하도록 한다.

Kim & Park Trading Corporation

123, Samsung-Dong, Kangnam-Gu, Seoul, Korea

Tel: 82-2-123-1234, Fax: 82-2-123-1235, www.Kim&Park.com

Offer Sheet

Mr. Paul Shin
President of COM TRADING
10, Tom Avenue, Bluebrook, SW, 100, Canada.

Offer No : KPCT-XX-1234
Date : October 30, 20XX
Ref. No. :

Dear Sir,

We are pleased to offer the under-mentioned articles as follows.

Description	: LED Monitor (Item no: Kim & Park-0113)
QUANTITY	: 5,000 pcs
PRICE	: USD100.00/pc CIF Seattle port
SHIPMENT	: Within 1 month after receipt of your L/C
PAYMENT	: By L/C and Draft at 60 days after sight in favour of Kim & Park Trading Corp.
INSPECTION	: Seller' s inspection is to be final
INSURANCE	: Seller to cover the CIF price plus 10% against A/R including TPND.
VALIDITY	: November 10, 20XX
PACKING	: Export Standard packing.
MARKS	: Each carton box bearing the mark "K&P" in diamond with port mark, running case number and the country of origin.
REMARKS	:

Accepted By

Kim & Park Trading Corporation

Jaeseong Kim
President

_______________ _______________

4) Commercial Invoice

매도인이 매수인 앞으로 발행하며 이것은 물품명세서인 동시에 대금청구서로의 기능을 한다. 즉, 매도인이 매매계약에 일치하는 물품을 매수인에게 발송하였음을 입증하는 서류이다.[2)]

(1) 종류

① 상업송장(commercial invoice)

매도인이 무역계약을 이행하고 그 내용을 작성한 서류이다. 상업송장에는 매도인이 매수인에게 보낸 물품의 명세, 내역, 수량, 단가, 금액 등을 표시하여 대금청구서, 보험증서의 근거가 된다.

② 견적송장(proforma invoice)

매매계약 성립 이전에 매도인이 매수인에게 화물의 수입가격을 계산하는 자료를 제공하기 위하여 또는 수입자가 수입허가를 신청하는 데 필요한 첨부서류로서 견적송장을 수출자가 작성하여 수입자에게 보낸다.

③ 세관송장(custom invoice)

세관송장은 수입지 세관에서 수입물품에 대한 과세가격의 기준이나 덤핑 유무를 확인하는 등 부정거래를 방지할 목적으로 작성하는 서류이다.

④ 영사송장(consular invoice)

영사송장은 수입품 가격을 높게 책정하여 외화를 도피하거나 낮게 책정하여 관세를 포탈하는 것을 방지하기 위하여 수출국 주재 수입국 영사의 확인을 받아 제공하는 송장이다.[3)]

---

2) 수출자의 입장에서는 무역대금결제와 과세자료, 수출수속절차상 세관 등에 제공하게 되는 서류가 되며, 수입자의 입장에서도 수입통관수속에 필수적인 서류이다.

3) 수입할 때 관세 등을 포탈하거나 경감받기 위해, 또는 외화를 도피하거나 덤핑을 위하여 부정한 송장을 작성할 수도 있는데, 이를 방지하는 데에 유효하다. 내용은 일반 무역거래에서 사용되는 상업송장과 비슷하다. 신용장에 'visaed' 라고 해서 영사의 서명이 필요하다는 문구가 기재되어 있다. 만일 'legalized' 라는 문구가 기재되어 있으면 송장은 물론 선화증권에도 영사의 서명을 받아야 한다. 또한 문구가 'notarized' 라면 공증인의 인증이 필요한 것으로 송장에 영사의 서명은 물론 상공회의소의 인증도 있어야 한다.

(2) 상업송장 기재요령

① Shipper/Exporter

송금 또는 추심방식에서 계약서의 매도인(Seller)을 기재하고, 신용장방식의 거래에서는 수익자(Beneficiary)를 기재한다.

② For account & risk of Messers.

송금 또는 추심방식에서 계약서의 매수인(Buyer)을 기재하고, 신용장방식의 경우에는 개설의뢰인(Applicant)을 기재한다.

③ Notify party

선화증권상의 "Full set of notify party accountee"라는 문구의 밑줄 친 부분을 기재하면 된다. 일반적으로 Applicant와 동일인인 경우가 많으므로 "same as above"라고 기재한다. 신용장방식의 경우에는 대부분 Buyer가 된다.

④ Port of loading

선적항을 기재한다.

⑤ Final destination

도착항을 기재한다.

⑥ Carrier

운송수단이 되는 선박 이름을 기재한다. 항공기는 Flight No를 기재한다.

⑦ Sailing on or about

선적일을 표시하며, 운송서류상의 선적일자와 동일하여야 한다. 그러나 선적준비를 위하여 송장을 미리 발행할 경우에는 선적일자를 정확하게 예측할 수 없으므로 신용장 통일규칙에서 규정하고 있는 "on or about"으로 기재한다.

⑧ No. and date of invoice

수출자가 송장발생시 임의로 부여하는 일련번호와 발행일자를 기재한다.

⑨ No. and date of L/C

신용장방식의 경우에는 발행일자, 송금 또는 추심방식의 경우에는 계약서의 발행일자를 기재한다.

⑩ L/C issuing bank

신용장방식의 경우에는 개설은행, 송금 또는 추심방식의 경우에는 발행자를 기재한다.

⑪ Remark

수입자가 신용장이나 계약서상에 별도로 요구하는 조건을 기재한다.

⑫ Payment

결제조건을 기재한다.

ex) draft at 90days after sight

⑬ Price term

가격조건을 기재한다.

ex) FOB Busan Korea

⑭ Mark & number of Pkg

수출자가 수입자에게 보내는 포장 화인의 표시와 개수를 기재한다.

⑮ Description of Goods/Quantity/Unit Price/Amount

물품의 명세를 기재한다. 신용장방식의 경우에는 송장의 물품명세와 신용장의 물품명세와 모순되지 않도록 기재한다.

⑯ Signed by

신용장에서 별도로 서명이나 일자를 요구하지 않는 한 기재할 필요는 없으나,[4] 실무적으로 담당자의 서명을 붙이는 것이 일반적이다.

---

4) UCP 600 제18조.

COMMERCIAL INVOICE

<table>
<tr><td colspan="2" rowspan="2">① Shipper/Exporter</td><td colspan="3">⑧ No. & date of invoice</td></tr>
<tr><td colspan="3">⑨ No. & date of L/C</td></tr>
<tr><td colspan="2" rowspan="2">② For account & risk of Messers.</td><td colspan="3">⑩ L/C issuing bank</td></tr>
<tr><td colspan="3" rowspan="2">⑪ Remarks :</td></tr>
<tr><td colspan="2">③ Notify party</td></tr>
<tr><td>④ Port of loading</td><td>⑤ Final destination</td><td colspan="3">⑫ Payment Term :</td></tr>
<tr><td>⑥ Carrier</td><td>⑦ Sailing on or about</td><td colspan="3">⑬ Price Term :</td></tr>
<tr><td>⑭ Marks & numbers of Pkg</td><td>⑮ Description of Goods</td><td>Quantity</td><td>Unit-price</td><td>Amount</td></tr>
<tr><td colspan="5">P.O. Box :
E-mail :
Fax No. :
Telephone No. :   ⑯ Signed by ____________
Manager</td></tr>
</table>

5) Packing List

(1) 개요

포장명세서란 선적화물의 포장 및 포장단위별 명세와 중량 등을 기재한 서류이다. 대부분의 경우에 상업송장만으로는 각 포장별 중량이나 내용을 판별할 수 없으므로 수입자와 수입지 세관은 포장의 개수(number of package), 순중량(net weight), 총중량(gross weight), 용적(measurement) 및 화인(shipping marks) 등을 기재한 포장명세서를 요구한다.

포장명세서는 필수적으로 제공하여야 하는 선적서류는 아니지만 상업송장의 부속서류이기 때문에 상업송장, 선화증권, 보험증권과 함께 거의 모든 무역거래에서 제공되는 서류이다.

포장명세서의 물품의 명세는 신용장에 기재된 물품의 명세와 상호 모순되지 않는 일반적 용어로 기재하면 되나 가능한 한 일치되도록 작성하는 것이 바람직하다. 또한 선화증권의 명세와도 일치하도록 작성되어야 한다.

(2) 포장명세서 작성요령

① Shipper/Exporter

포장명세서의 발행은 계약서 결제방식의 경우에는 계약서상의 Seller를 기재하고 신용장방식의 경우에는 신용장의 Beneficiary를 기재한다. 단, 신용장상에 "Third party documents is acceptable" 이라는 부가조건이 있으면 Beneficiary가 발행할 수도 있다.

② For account & risk of Messers.

계약서 결제방식의 경우에는 Buyer를 기재하고 신용장방식의 경우에는 Applicant를 기재한다.

③ Notify party

선화증권상의 "Full set of ________ notify party accountee" 라는 문구의 밑줄 친 부분을 기재하면 된다. 일반적으로 Applicant와 동일인인 경우가 많으므로 "same as above" 라고 기재한다.

④ Port of loading

선적지를 기재한다.

⑤ Final destination

도착지를 기재한다.

⑥ Carrier

운송수단의 명을 기재한다. 선박은 선박명, 항공기는 Flight No를 기재한다.

⑦ Sailing on or about

운송서류상의 선적일자와 동일하여야 한다. 그러나 선적준비를 위하여 미리 발행할 경우에는 선적일자를 정확하게 예측할 수 없으므로 신용장 통일규칙에서 규정하고 있는 "on or about"으로 기재한다.

⑧ No. and date of invoice

수출자가 포장명세서 발생시 임의로 부여하는 일련번호와 발행일자를 기재한다.

⑨ No. and date of L/C

신용장방식의 경우에는 발행일자, 계약서방식의 경우에는 계약서의 발행일자를 기재한다.

⑩ L/C issuing bank

신용장방식의 경우에는 개설은행, 계약서방식의 경우에는 발행자를 기재한다.

⑪ Remark

수입자가 신용장이나 계약서상에 별도로 요구하는 조건을 기재한다.

⑫ Payment

결제조건을 기재한다.

ex) draft at 90days after sight

⑬ Price term

가격조건을 기재한다.

ex) FOB Busan Korea

⑭ Mark & number of Pkg

수입자가 요청한 포장의 화인과 개수를 기재한다.

⑮ Description of Goods

물품의 명세를 기재한다.

⑯ Net weight

순중량에는 포장용기에서 외부포장재료(또는 포장용기)를 제외한 무게를 기재한다.

⑰ Gross weight

총중량은 순중량에서 외부포장재료(또는 포장용기) 중량을 포함한 총량으로 선화증권상의 중량과 일치하여야 한다.

⑱ Measurement

용적은 선적화물의 부피를 기재한다. 선화증권상의 부피와 일치하여야 한다.

⑲ Signed by

포장명세서의 서명은 신용장 결제방식에서 별도의 명시가 없으면 아무나 발행하여도 상관이 없다.

Packing List

<table>
<tr><td colspan="2" rowspan="2">① Shipper/Exporter</td><td colspan="3">⑧ No. & date of invoice</td></tr>
<tr><td colspan="3">⑨ No. & date of L/C</td></tr>
<tr><td colspan="2" rowspan="2">② For account & risk of Messers.</td><td colspan="3">⑩ L/C issuing bank</td></tr>
<tr><td colspan="3" rowspan="2">⑪ Remarks :</td></tr>
<tr><td colspan="2">③ Notify party</td></tr>
<tr><td>④ Port of loading</td><td>⑤ Final destination</td><td colspan="3">⑫ Payment Term :</td></tr>
<tr><td>⑥ Carrier</td><td>⑦ Sailing on or about</td><td colspan="3">⑬ Price Term :</td></tr>
<tr><td>⑭ Marks & numbers of Pkg</td><td>⑮ Description of Goods</td><td>⑯ Quantity/ Net wt</td><td>⑰ Gross wt</td><td>⑱ Measure</td></tr>
<tr><td colspan="2">P.O. Box :
E-mail :
Fax No. :
Telephone No. :</td><td colspan="3">⑲ Signed by ____________________
President</td></tr>
</table>

2. 무역계약서 작성

1) 명시조건과 묵시조건

무역계약도 계약자유의 원칙에 따라 그 내용을 계약당사자 합의로 정할 수 있다. 무역계약의 내용은 명시조건(express terms), 묵시조건(implied terms), 준거법조건(governing law terms)으로 나눌 수 있다.

먼저 명시적 조건이란 계약당사자간 합의를 계약서에 명시하는 조건이다. 그리고 묵시적 조건이란 계약이행과정에 예상되는 모든 문제를 계약서에 명시하는 것은 불가능하다. 따라서 계약이행과정과 관련된 문제는 거래관습에 함축된 것으로 보기 때문에 묵시조건이라고 한다. 마지막으로 준거법 조건이란 명시적 조건 또는 묵시적 조건을 적용함에 따라 발생하는 법적 공백을 메우는 기능을 한다.

매매계약의 조건과 적용 규범

<table>
<tr><td rowspan="6">개별계약</td><td rowspan="2">명시조건</td><td>물품조건</td><td>Quality, Quantity, Price, Packing</td></tr>
<tr><td>이행조건</td><td>Payment, Insurance, Shipment</td></tr>
<tr><td rowspan="4">묵시조건</td><td>매매관습</td><td>INCOTERMS, CISG, NY Convention</td></tr>
<tr><td>결제관습</td><td>UCP, URC etc</td></tr>
<tr><td>운송관습</td><td>Hague Rule, Hague-Visby Rules, Hamburg rule</td></tr>
<tr><td>보험관습</td><td>Institute Cargo Clause, MIA</td></tr>
<tr><td rowspan="4">포괄계약</td><td colspan="2">불가항력</td><td>Force Majeure</td></tr>
<tr><td colspan="2">계약위반과 구제</td><td>Breach of Contract & Remedy</td></tr>
<tr><td colspan="2">클레임</td><td>Claims</td></tr>
<tr><td colspan="2">준거법</td><td>Governing Law</td></tr>
</table>

이러한 조건에서 명시조건과 묵시조건을 위주로 계약서를 작성하는 것을 개별계약이라 하고, 명시조건, 묵시조건, 포괄조건을 모두 포함하여 계약서를 작성하는 것을 포괄계약이라고 한다.

2) 개별계약방법

① 매거래 건별로 먼저 간단한 오퍼나 오더를 확정한 후 수출입 본 계약을 확정하는 방법

② 통상 거래상대방과 최초 거래나 중요거래 시에 활용하는 방법

③ 개별계약서는 표면[5]과 이면[6]의 양면으로 구성

SALES NOTE

Messrs, Shellal & Co., Ltd. March 1, 20× ×

I.P.O. Box No. 2168

835 Main Street

Hartford Connecticut

U.S.A.

Dear Mr. S.M. Bae,

We as seller confirm having sold you as buyer the following goods on the terms and conditions of business as stated below and on the back hereof:

Description	Quantity	Unit Price	Amount
MTB ERIC5000 (Black, Red, White Assorted Color)	500	CIF BUSAN @USD 350	$175,000

5) 거래 건별로 확정하여야 하는 사항으로 품질수준, 수량 및 가격 등 거래물품에 관한 사항과 선적일자, 결제방법 및 보험조건 등이 여기에 해당한다.

6) 무역계약의 체결당사자, 표명사항인 품질에 대한 검사, 수량, 가격 및 선적조건 등을 정하는 기준 등 개별약정사항을 해석하는 기준과 계약불이행과 관련한 조항으로서 불가항력조항, 클레임조항, 중재조항 및 준거법조항 등 수출입 거래시 일반적으로 적용되는 공통사항이다.

Shipment: During May.
Packing: Each piece wrapped in polybag and in a carton box
Payment: At sight under L/C
Insurance: To be effected by seller

Shipping Marks: K&P (in triangle)
BUSAN
C/N #1-2
Made in U.S.A.

Remarks: Certificate of Inspection & Shipment Samples to be sent by airmail prior to shipment. We will instruct our bank to open an L/C on receipt of your shipment sample.

3) 포괄계약방법

① 동일한 거래상대방과 계속 거래할 목적인 경우
② 본 계약을 체결할 때마다 포괄계약을 작성하는 불편함을 제거
③ 일반거래협정서(포괄계약조건)를 본 계약으로 삼고 주문하여 매매계약을 확정

매매계약 방식에 따른 특징

계약 체결방식	계약서 형식	비 고
개별계약방식 (case by case contact)	- 표면사항 - 이면사항	- 첫 거래 - 건별 거래
포괄계약방식 (master contract)	일반거래협정서 - offer sheet - order sheet	- 계속 반복거래

Agreement on General Terms and Conditions of Business

This Agreement entered into between NewYork Trading Co., Inc., New York, hereinafter called the Buyers, and YES International Co.Ltd., Seoul, Korea, hereinafter referred to as the Sellers, witnesses as follows:

(1) Business: Both Sellers and Buyers shall act as Principals and not as Agents.

(2) Samples and Quality: The Sellers shall supply the Buyers with samples free of charge, and the quality of the goods to be shipped shall be about equal to the sample on which an order is given at the time of arrival.

(3) Quantity: Weight and Quantity determined by the Sellers, as set forth in shipping documents, shall be final.

(4) Prices: Unless otherwise specified, prices shall be quoted in U.S. Dollars on (FOB / CIF) basis.

(5) Firm Offers: All firm offers shall remain effective for three days including the day cabled. Sundays and National Holidays shall not be counted as days.

(6) Orders : Except in cases where firm offers are accepted, all orders shall be subject to the Seller' s final confirmation.

(7) Packing : Proper export wooden case packing shall be carried out, each case bearing the mark "K&P" with port mark, running case numbers, and the country of origin.

(8) Payment : Draft shall be drawn at (30 d/s) under Irrevocable Letter of Credit which should be opened in favor of Seller immediately upon contract, for the invoice value with full set of shipping documents, namely, Bill of Lading, Insurance Policy, Commercial Invoice and other documents which each contract requires.

(9) Shipment : Shipment shall be made within the time stipulated in each contract. The date of Bill of Lading shall be taken as a conclusive proof of the day of shipment. Unless expressly agreed upon, the port of shipment shall be at the Seller' s option.

(10) Marine Insurance : All shipments shall be covered on A/R including War Risks and S.R.C.C. for the invoice amount plus 10(ten) percent. All policies shall be made out in U.S. Dollar and claims payable in New York.

(11) Force Majeure : The Sellers shall not be responsible for the delay in ship-

ment due to force majeure, including mobilization, war, strikes, riots, civil commotion, hostilities, blockade, requisition of vessels, prohibition of export, fires, floods, earthquakes, tempest and any other contingencies, which prevent shipment within the stipulated period. In the event of any of the aforesaid causes arising, Sellers shall furnish a certificate substantiated by the Korea Chamber of Commerce and Industry.

(12) Delayed Shipment : In all cases of force majeure provided in the Article No. 11, the period of shipment stipulated shall be extended for a period of twenty one(21) days. In case shipment within the extended period should still be prevented by a continuance of the causes mentioned in the Article No. 11 or the consequences of any of them, it shall be at the Buyers' option either to allow the shipment of late goods or to cancel the order by giving the Sellers the notice of cancellation by cable.

(13) Claims : Claims, if any, shall be submitted by cable within fourteen(14) days after arrival of goods at destination. Certificates by recognized surveyors shall be sent by mail without delay.

(14) Arbitration : All claims which cannot be amicably settled between Sellers and Buyers shall be finally settled by arbitration in Seoul, Korea in accordance with Commercial Arbitration Rules of the Korean Commercial Arbitration Board and under the Laws of Korea. The award rendered by the arbitrator shall be final and binding upon both parties concerned.

(15) Trade Terms : Unless specially stated, the trade terms under this contract shall be governed and interpreted by Incoterms 2010.

(16) Choice of Law : The formation, performance and remedy of the contract of sale shall be governed by United Nations Convention on Contracts for the International Sale of Goods(1980).

This Agreement shall be valid on and after July 5, 20XX.

For NewYork TRADING. CO., INC.
(signed)
Sales Manager

For YES International Co., LTD.
(signed)
Export Manager

3. 정형거래조건

세계 경제가 확대됨에 따라 자연히 무역의 규모와 물동량이 급증하고 있다. 이러한 상황에서 계약당사자가 정확한 내용으로 거래조건을 명시하지 못하였을 경우 계약당사자가 부담해야 하는 비용과 추가위험에 관한 오해로 분쟁의 가능성이 커지게 된다.

INCOTERMS 2010의 두드러진 특징은 최근 FTA의 확대와 전자무역의 확산을 고려하였고 기존의 13개 조건을 11개로 줄이면서 내용을 보다 분명하고 간단하게 정리한 점이다. 종전의 INCOTERMS 2000 규정에서는 EDI 전자서류를 대체할 수 있도록 규정하였으나, INCOTERMS 2010 규정에서는 계약당사자가 합의하고, 통관에 문제가 없다면 종이서류와 동일한 효력을 부여함으로 종전보다 발전된 형태로 발전하였다.

INCOTERMS 2010은 기존의 국제거래뿐만 아니라 국내거래에도 적용 가능하도록 계약당사자의 의무를 규정하였고, 법적인 측면에서 발생할 수 있는 위험(risk)을 제거할 것을 목표로 하였다. 따라서 물품을 인도하기 위해 정확한 장소를 분명히 표시하여야 하고, 필요한 경우 수출입 통관절차에 따른 의무를 규정하여야 한다.

그리고 통관과정에서 물품 자체의 특성 이외의 문제로 인명과 기타 물품에 위협이 되지 않도록 확인을 요구하는 물품보안검색이 증가하는 추세를 반영하여 보안검색통관을 규정하였다. 따라서 INCOTERMS 2010에서는 매수인 또는 매도인 중 보안검색통관 이행에 관한 의무를 부담하여야 한다.

국제무역거래에서는 매매계약의 목적물이 최종 목적지까지 도착하기 이전에 운송과정에서라도 여러 차례 전매될 수 있다. 운송 중 화물을 되팔고자(전매) 하는 매수인은 자신이 직접 물품을 선적하여 인도하지 않더라도 운송 중인 물품을 획득(procure)하여 계약물품으로서 인도할 수 있다. 그러므로 INCOTERMS 2010에서는 이러한 거래를 반영하여 매도인이 선적하여 물품을 인도하는 것뿐 아니라 물품을 획득하여 인도하는 경우에도 계약물품을 인도한 것으로 규정하고 있다.

국제무역 운송은 운송수단의 발전에 따라 복합운송의 활용이 증가하고 있지만, 여전히 업종과 항구에 따라 그 관습이 다르다. 공통적인 내용으로서 복합운송(CPT, CIP, CFR, CIF, DAT, DAP, DDP) 조건에서는 수출자는 목적지점까지 운송비를 부담하여야 한다. 그런데 때로는 수입자에게 'THC' (terminal handling charge)를 중복 청구하는 경우가 있으므로 이를 방지하기 위하여 INCOTERMS 2010에서는 이에 관한 규정을 제시하고 있다.

수출자와 수입자는 자신들의 거래관습을 반영하여 인코텀즈 조건을 특약형태로 변형하여 사용할 수 있다. 이때 기존조건의 변경으로 계약당사자의 의무와 권리를 표시하는 것에 오해가 발생하지 않도록 특별히 조심하여 그 내용을 분명히 표시하여야 한다.

1) 주의사항

① 거래조건을 반드시 'INCOTERMS 2010' 으로 표기하여야 한다.
동일 조건이 기존의 인코텀즈 체계에도 존재하고 있으므로 정확한 버전을 표시하지 않을 경우에는 계약당사자 사이에 오해와 분쟁이 발생하게 된다.

예) FOB Busan port(INCOTERMS 2010)

② 정확한 INCOTERMS 조건을 선택하여야 한다.
정형거래조건은 단순히 계약물품의 가격만을 표시하는 것이 아니라, 계약물품의 인도장소와 보험계약체결 의무를 규정하고 있다. 따라서 거래당사자는 운송방식의 특징을 고려하여 정확한 인코텀즈 조건을 선택하여야 한다. 그리고 어떠한 조건의 인코텀즈를 선택하더라도 이에 관한 정확한 내용을 사전에 이해하고 있어야 한다.

③ 수출자가 물품을 인도하는 장소를 가능하면 자세히 표시하여야 한다.
무역계약은 당사자 합의에 따라 계약물품을 인도할 장소를 자유로이 결정할 수 있다. 따라서 인도 장소를 부두(port) 또는 내륙의 어느 지점(place)이든 관계없이 특정할 수 있다.

다만 거래에서 오해와 혼동을 피할 수 있도록 가능하면 다음 보기와 같이 자세히 장소를 표시하는 것이 좋다.

예) FCA 38 Cours Albert 1er, Paris, France INCOTERMS 2010

- EXW, FCA, DAT, DAP, DDP, FAS, FOB:

물품인도 후 물품에 관한 위험부담이 수출자로부터 수입자에게 이전된다.

- CIP, CPT, CFR, CIF:

  위험은 물품인도시 수입자에게 이전하고, 비용은 목적지에 도착할 때까지 수출자가 부담한다.

④ 인코텀즈 조건으로 모든 무역계약을 해결할 수 있는 것은 아니다.

인코텀즈는 계약당사자가 무역계약에서 부담해야 하는 운송비와 보험료의 부담에 관하여 분명한 기준을 제시한다. 그렇지만, 소유권, 대금결제 방법이나 가격의 결정방법에 관하여는 다루지 않는다.

그리고 계약당사자가 계약의무를 위반했을 경우 대응방법에 대하여도 다루지 않는다. 이러한 내용은 계약에서 사전에 합의한 준거법 조항으로 다루고 해결하여야 한다.

2) INCOTERMS의 체계

(1) INCOTERMS 2000

- E	EXW	EX Works
- F	FCA	Free Carrier
	FAS	Free Alongside Ship
	FOB	Free On Board
- C	CIF	Cost Insurance and Freight
	CFR	Cost and Freight
	CIP	Carriage and Insurance Paid TO
	CPT	Carriage Paid TO
- D	DAF	Delivered At Frontier
	DES	Delivered At Ex Ship
	DEQ	Delivered At Ex Quay
	DDU	Delivered Duty Unpaid
	DDP	Delivered Duty Paid

(2) INCOTERMS 2010

① 복합운송(Any mode or Modes of Transport)

- EXW EX works

- FCA Free Carrier

- CPT Carriage Paid TO
- CIP Carriage and Insurance Paid TO

- DAT Delivered At Terminal
- DAP Delivered At Place
- DDP Delivered Duty Paid

복합운송은 하나 또는 하나 이상의 운송방식이 결합하여 운송서비스를 제공하는 방식이다. 거래당사자가 복합운송조건을 전제로 하여 복합운송조건에 해당하는 정형거래조건을 선택하였다면 그 거래는 운송방식에 상관없이 모든 운송조건에 적용될 수 있다.

복합운송조건은 전체 운송구간에서 해상운송구간이 전혀 포함되지 않은 경우에도 사용할 수 있고, 전체 운송구간의 일부가 해상운송인 경우에도 사용할 수 있다.

② 해상운송(Sea and Inland Waterway Transport)

- FAS Free Alongside Ship
- FOB Free On Board

- CFR Cost and Freight
- CIP Cost Insurance and Freight

해상운송방식은 전통적으로 사용 활용도가 대단히 높은 조건으로서 대부분 국제무역에서 활용하고 있다. 주의할 점은 기존 INCOTERMS 2000 이전의 규정에서는 물품의 인도시점을 'ship' s rail' 로 규정하였으나, 개정된 INCOTERMS 2010에서는 이 규정을 'on board' 로 변경하였다.

물품인도기준을 기존의 'ship's rail' 에서 'on board' 로 변경한 것은 현재의 국제적 운송환경을 반영하고, 물품이 선측난간 위를 흔들리는 상태로 들려 올려 선적하는 방식으로 물품의 인도기준을 확정하는 것에서 발생하는 분쟁을 제거하기 위한 목적이다.

③ INCOTERMS 2010의 주요 변경사항

i) DAT, DAP의 추가

- DAF, DES, DEQ, DDU 삭제(INCOTERMS 2000)
- DAT(delivered at Terminal)
- DAT(delivered at Place)

INCOTERMS 2010에서는 복합운송조건으로 사용되는 DAT, DAP 2가지 조건이 추가되었다. 여기에서 'delivered' 의 공통된 의미는 목적지까지 수출자가 수입통관을 제외한 비용을 부담할 것을 의미한다. 그리고, 목적지 인도지점까지 물품을 인도하는 데 위험을 부담하는 것을 의미한다.

● DAT(delivered at Terminal)

DAT 조건은 수출자가 도착지 터미널까지의 운송계약과 운임을 부담하고 목적지에서 운송수단에서 하역완료 상태로 매수인의 처분권에 맡길 때 인도가 완료된다. 또한 DAT 조건은 부두인도조건으로도 사용할 수 있으므로 기존의 DEQ 조건을 대체할 수 있다.

● DAP(delivered at Place)

DAP 조건은 매수인의 처분권에 넘길 때까지 인도하는 것은 DAT 조건과 같으나, 터미널 안쪽 내부까지 추가 운송하고 운송수단에서 하역하지 않은 상태로 인도된다. 또한 DAP 조건은 물품의 목적항 부두의 선상에서 인도할 수도 있으므로 기존의 DES 조건을 대체할 수 있다.

4. 매매계약서 예시

1) Sales Contract

SALES AGREEMENT

This Agreement("Agreement") is made this [1st] day of [March, 20××] by and between [XXX Co. LTD.], with its registered office at [32 West 27st Street New York, N.Y., U.S.A.] ("Buyer")and [YES International Co., Ltd.], with its registered office at [33, Yoido, Youngdungpo_ku, Seoul, Korea] ("Seller") :

WITNESSETH

WHEREAS, the Buyer desires to purchase from the Seller and the Seller desires to sell to the Buyer [five million sets of T.V.] during a period of[5] years.

NOW, THEREFORE, in consideration of the premises and covenants herein contained, the parties hereto agree as follows:

Article 1. Sale of Goods

1.1 The Buyer shall purchase from the Seller and the Seller shall sell to the Buyer newly manufactured [E-BOOK DISPLAY Set] ("Goods") subject to the terms and conditions herein provided.

Article 2. Quantity, Specification and Quality

2.1 For [5] years commencing [March 1, 20××], the Buyer shall purchase from the Seller and the Seller shall sell to the Buyer [one million(1,000,000) pieces] of the Goods per year to make the total quantities of the sale of the Goods [five million(5,000,000) pieces] during[March 1, 20××] to [February 28, 20××.]

2.2 Specification and Quality

2.2.1 The specification of the Goods shall be prescribed and specified in Specification attached hereto as Exhibit[I].

Article 3. Price

3.1 The agreed unit price of each Goods("Price") is [Two Hundred United States Dollars(US$200)] on [C.I.F. New York] basis.

3.2 The Price is fixed and effective up to shipments performed on or before [the end of September, 20××] and thereafter the Price shall be readjusted every [6] months according to Seller' s request.

Article 4. Payment

4.1 Except otherwise agreed by the parties, all the payment for the Goods shall be made in United States Dollars by an irrevocable letter of credit in favor of the Seller, [confirmed by first class international bank designated by the Seller]. The letter of credit shall be established by the Buyer at least [two months] prior to each shipment schedule and to be negotiable at sight against draft and to be valid for no less than [thirty (30) days] after the latest date allowed for the shipment.

The Buyer shall bear all banking expenses associated with the establishment of the letter of credit.

Partial shipment, transshipment and partial negotiations of letter of credit shall be permitted and the letter of credit shall be worded accordingly.

4.2 Delay by the Buyer in establishing the letter of credit shall extend the time for performance of this Agreement by the Seller to such extent as may be necessary to enable it to make delivery in the exercise of reasonable diligence after such letter of credit has been established.

Should opening the letter of credit be delayed for causes for which the Buyer is liable, Buyer shall pay the Seller amount equal to [two tenth of one percent(0.2%)] of the amount of relevant letter of credit per each full week as liquidated damages net cash or sight draft within [three days] from receipt of relevant bill from the Seller.

However, the total amount of liquidated damages shall not be more than [one percent(1%)] of the amount of relevant letter of credit. Should opening of letter of credit be delayed by more than [five (5) full weeks], the Seller may terminate the Agreement without prejudice to the Seller' s rights under the Agreement, including claim of said liquidated damages.

Article 5. Shipment of the Goods

5.1 The Goods shall be delivered by the Seller to the Buyer at [any Korean port] in accordance with the Shipment Schedule.

5.2 The Seller shall arrange the suitable vessel of any flag, subject to freight being available, to transport the Goods to the destination, [New York, U.S.A] or other seaport designated by the Buyer on relevant letter of credit provided that C.I.F. price is not increased.

The Seller shall notify by telex or facsimile, the Buyer of necessary information at least

[7] days before each shipment so that the Buyer may make arrangement for receipt and inland transportation, if necessary, of the Goods.

Article 6. Late Delivery

6.1 In the event that the Seller delays shipment of the Goods in accordance with the shipment Schedule for reasons solely attributable to the Seller, the Buyer shall grant the Seller [seven days] grace, without liquidated damage on each specified delivery.

After that [seven days'] grace, the Buyer has the right to claim [one percent(1%)] of the contract price of the Goods of which shipment shall have been delayed, per each full week from [seven days] after the scheduled delivery date until actual shipping date thereof.

The total amount of the liquidated damage under the Agreement shall be limited to [six percent (6%)] of the contract price of the Goods delayed.

6.2 If the aforesaid delay of delivery exceeds [six (6) full weeks], the Buyer has the right to cancel the Agreement, without prejudice to Buyer' s right under the Agreement, including claim of said liquidated damages.

6.3 In the event of Force Majeure, liquidated damage for late delivery shall not be applied.

Article 7. Packing and Marking

7.1 The Goods shall be packed and marked in the manner customary for exporting. In case special instructions are necessary, Buyer shall furnish Seller with such instructions in time for preparation or shipment of the goods.

Article 8. Insurance

8.1 Seller shall effect marine insurance on all shipments on [ICC (B)] for 110% of the invoice amount.

Article 9. Warranty

9.1 Each good(s) supplied by the Seller is hereby expressly warranted to be free from defect in material and workmanship under normal use and service.

9.2 This Warranty shall be limited to a period of [12 months] after delivery thereof to the Buyer under storage in a roofed warehouse.

9.3 The above warranty shall not apply to the Good(s), which is used for a purpose for which it was not designed or which has been subject to normal wear and tear, damage caused by accident, misuse, abuse, damage occurring during shipment.

9.4 The Seller' s liability under this warranty shall be IN LIEU OF ALL OTHER LIABILITIES OF THE SELLER for defect in material or workmanship of the Goods or ANY OTHER WARRANTIES, EXPRESS OR IMPLIED, statutory or at common law WHICH THE BUYER HEREBY WAIVES. In no event shall the seller be liable for consequential or indirect damages regarding the Goods.

Article 10. Claim

10.1 Any claims by Buyer of whatever nature arising under this contract shall be made by cable within [thirty(30) days] after arrival of the goods at the destination specified in the bills of lading. Full particulars of such claim shall be made in writing, and forwarded by registered mail to Seller within [fifteen (15) days] after cabling. Buyer must submit with particulars sworn surveyor' s reports when the quality or quantity of the goods delivered is in dispute.

Article 11. Force Majeure

11.1 Except for the payments due for the Goods delivered by the Seller, any party ("Affected Party") hereto shall not be responsible to the other party ("Non Affected Party") for nonperformance [either in whole or in part] or delay in performance of the terms and conditions of the Agreement, due to war, war_like operation, acts, of Good, riot, strikes, sabotage or other labor disturbances in the manufacturing plant; lockout of the manufacturing plant ; epidemics, floods, earthquakes, typhoon; embargoes, laws and regulations of the Buyer' s country or seller' s country; or any other causes beyond the control of the parties.

In case of any such event the terms of this Agreement relating to time and performance shall be suspended during the continuance of the event.

11.2 Within [five (5) days] from the date of commencement of the event, the Affected Party shall advise the Non_Affected Party by telex, facsimile or cable of the date when such delay in performance commenced, and the reasons therefor as enumerated in this Agreement; likewise, within [five (5) days] after the delays ends, the Affected Party shall advise Non_Affected Party by telex, cable or facsimile of the date when such delay ended, and shall also specify the redetermined time by which the performance of the obligation hereunder is to be completed.

Article 12. Breach, Indemnity

12.1 In the event either party breaches an obligation under this Agreement or toward a third party delays or interferes with the other party in the performance of this Agreement, it shall be liable to the other party for any reasonable direct damages thereby sustained by the other party.

In the event a third party commences any proceeding for which a party hereto intends to claim indemnity, such party shall promptly notify the other party and allow suitable participation in all stages of the proceeding and settlement thereof. Failure to promptly notify or allow equitable participation by the other party shall reduce the right of indemnity by the extent of actual resultant prejudice.

12.2 It is specifically understood and agreed by both parties that the Buyer shall be solely responsible for observance of any restriction against importation of the Goods imposted by any [federal or local authority in (U.S.A)] and shall defend and save harmless the Seller from any liabilities and obligations under the restriction or any claims arising out of the infringement of the restriction.

Article 13. Taxes/Duties, Contingent Charges

13.1 Any duties, tariffs for import and export or other taxes or charges which are now assessed or imposed or which may hereafter be assessed or imposed by [U.S.A.] Government or other competent authorities other than [Korea] in connection with the Goods and/or transactions thereof shall be borne and paid by the Buyer.

13.2 Increase in freight, insurance premiums, and/or surcharge, due to war, threat of war, warlike conditions, port congestion or other emergency or contingency unforeseen or not existent at the time of concluding the Agreement, shall be for the Buyer' s account.

Article 14. Aftersales Service

14.1 The Seller may, upon request of the Buyer and consent of the Seller, dispatch some experienced technicians to some places in [U.S.A.] for the purpose of rendering effective after-service in connection with the Goods.

Article 15. Infringement

15.1 The Buyer shall be liable for and hold the Seller harmless from and against all losses and damages incurred and suits and claims brought by third party due to possible infringement of trademark, patent, copyright or other proprietary rights of the third party in connection with the Seller' s manufacture and sale of the Goods according to the Specification attached hereto as Exhibit[I].

Article 16. Termination

16.1 The Agreement may be terminated upon occurrence of any of the following events:

i) Agreement in writing of the parties

ii) By the non_defaulting party, upon default by the other party in the performance of any of its obligations under the Agreement, if not remedied within [30 days] after receipt of written notice from the non_defaulting party;

iii) By the other party, upon either party' s (a) making an assignment for the benefit of creditors, being adjudged bankrupt, or becoming insolvent; (b) having a reasonable petition filed seeking its dissolution or liquidation not stayed or dismissed within [sixty (60)days]; or (c) ceasing to do business for any reason;

iv) By the Seller, if the Buyer fails to open relevant letter of credit by more than [five (5) full weeks] as stipulated in Article 4.2 hereof;

v) By either party, if a force majeure condition under Article 11 hereof makes it unreasonable to proceed with the Agreement in the foreseeable future.

16.2 Upon termination of the Agreement, neither party shall be discharged from any antecedent obligations or liabilities to the other party under the Agreement unless otherwise agreed in writing by the parties.

16.3 Nothing in the Agreement shall prevent either party from enforcing the provisions thereof by such remedies as may be available in lieu of termination.

Article 17. Arbitration

17.1 All disputes, controversies, or differences which may arise between the parties, out of or in relation to or in connection with this contract or for the breach thereof, shall be finally settled by arbitration in Seoul, Korea in accordance with the Commercial Arbitration Rules of The Korean Commercial Arbitration Board.

The award rendered by the arbitrator(s) shall be final and binding upon both parties concerned.

Article 18. Trade Terms and Governing Law

18.1 The Trade Terms under this agreement shall be governed and interpreted under the provisions of Incoterms 2010.

18.2 This Agreement shall be governed by and construed in all respects under and by the laws of Korea.

18.3 In the event of conflict between the laws of Korea and Incoterms 2010, Incoterms 2010 shall prevail and govern.

Article 19. Assignment

19.1 Either party shall not assign this Agreement to any other person without the other parties prior consent in writing. In the event of assignment with the written consent of the other, the one shall not be relieved from its obligations under this Agreement and shall be held responsible for its performance.

Article 20. Non_Waiver

20.1 No claim or right of either party under this Agreement shall be deemed to be waived or renounced in whole or in part unless the waiver or renunciation of such claim or right is acknowledged and confirmed in writing by such party.

Article 21. Notice

21.1 Unless otherwise agreed by the parties, all notices, invoices and communications under this Agreement shall be sent to the parties at their addresses set forth in the initial paragraph of the Agreement. All notices shall be sent by registered airmail and where circumstances require, notices may be sent by cable, facsimile or telex which shall be confirmed by registered air mail

Article 22. Entire Agreement

22.1 This Agreement constitutes the entire agreement between the parties, all prior representations having been merged herein, and may not be modified except by a writing signed by a duly authorized representatives of both parties.

Article 23. Effective Date and Term

23.1 This Agreement shall become effective upon signing of the duly authorized representatives of both parties and remain in full force and effect up to [February 28, 20 ××] unless terminated earlier pursuant to Article 16.

IN WITNESS WHEREOF, the parties hereto have executed this Agreement as of the day and year first above written.

X INC.	YES International CO., LTD.
By:	By:
Title:	Title:

2) ICC Model Contract

International Sales Contract

1. SPECIFIC CONDITIONS

These Specific Conditions have been prepared in order to permit the parties to agree the particular terms of their sale contract by completing the spaces left open or choosing (as the case may be) between the alternatives provided in this document.

Obviously this does not prevent the parties from agreeing other terms or further details in box A-16 or in one or more annexes.

SELLER	BUYER
NAME AND ADDRESS	NAME AND ADDRESS

A-1 GOODS SOLD

DESCRIPTION OF GOODS

IF THERE IS INSUFFICIENT SPACE PARTIES MAY USE AN ANNEX

A-2 CONTRACT PRICE(ART. 4)

CURRENCY

AMOUNT IN NUMBERS	AMOUNT IN LETTERS

A-3. DELIVERY TERMS

Recommended terms according to Incoterms 2010): see Introduction, §5

□ EXW Ex Works	named place:
□ FCA Free Carrier	named place:
□ CPT Carriage Paid To	named place of destination:
□ CIP Carriage and Insurance Paid To	named place of destination:
□ DAP Delivered At Place	named place of destination:
□ DDU Delivered Duty Unpaid	named place of destination:
□ DDP Delivered Duty Paid	named place of destination:

Other terms (according to Incoterms 2010: see Introduction, § 5)

□ FAS Free Alongside Ship named port of shipment:
□ FOB Free On Board named port of shipment:
□ CFR Cost, and Freight named port of destination:
□ CIF Cost Insurance and Freight named port of destination:

Other delivery terms

CARRIER (where applicable)
NAME AND ADDRESS CONTACT PERSON

The present contract of sale will be governed by these Specific Conditions (to the extent that the relevant boxes have been completed) and by the ICC General Conditions of Sale(Manufactured Goods Intended for Resale) which constitute part B of this document.

SELLER	BUYER
SIGNATURE	SIGNATURE
PLACE	PLACE
DATE	DATE

A-4 TIME OF DELIVERY

Indicate here the date or period (e.g. week or month) at which or within which the Seller must perform his delivery obligations according to clause A.4 of the respective Incoterm (see Introduction, §6)

A-5 INSPECTION OF THE GOODS BY BUYER(ART. 3)

□ Before shipment □ Place of inspection:
□ Other:

A-6 RETENTION OF TITLE(ART. 7)

□ YES
□ NO

A-7 PAYMENT CONDITIONS(ART. 5)

□ Payment on open account (art. 5.1)
Time for payment (if different from art. 5.1) ( )days from date of invoice. Other:
□ Open account backed by demand guarantee or standby letter of credit (art. 5.5)

□ Payment in advance (art. 5.2):
Date (if different from art. 5.2): ( ) □ Total price 1% of the price
□ Documentary Collection (art. 5.5)
□ D/P Documents against payment □ D/A Documents against acceptance
Irrevocable documentary credit (art. 5.3) □ Confirmed □ Unconfirmed
Place of issue (if applicable): ( ) Place of confirmation (if applicable):
( )
Credit available: Partial shipments: Transhipment:
□ By payment at sight □ Allowed □ Allowed
□ By deferred payment at: ( )days □ Not allowed □ Not allowed
□ By acceptance of drafts at: ( )days
□ By negotiation
Date on which the documentary credit must be notified to seller (if different from art. 5.3)
□ ( )days before date of delivery other: ( )
□ Other
(e.g. cheque, bank draft, electronic funds transfer to designated bank account of seller)

A-8 DOCUMENTS

indicate here documents to be provided by Seller. Parties are advised to check the Incoterm they have selected under

A-3 of these Specific condition. (As concerns transport documents, see also Introduction, §8)

□ Transport documents: indicate type of transport document required
□ Commercial Invoice Certificate of origin □ Certificate of origin
□ Packing list □ Certificate of inspection
□ Insurance document □ Other :

A-9 CANCELLATION DATE

TO BE COMPLETED ONLY IF THE PARTIES WISH TO MODIFY ARTICLE 10.3

If the goods are not delivered for any reason whatsoever (including force majeure) by

(date) ( ) the Buyer will be entitled to CANCEL THE CONTRACT IMMEDIATELY BY

NOTIFICATION TO THE SELLER

A-10 LIABILITY FOR DELAY (ART. 10.1, 10.4 AND 11.3)

TO BE COMPLETED ONLY IF THE PARTIES WISH TO MODIFY ART. 10.1, 10.4 OR

11.3

Liquidated damages for delay in delivery shall be:

□ (　　　　)% (of price of delayed goods) per week, with a maximum of ( )I% (of price of delayed goods)

or:

□ (　　　　)(specify amount)

In case of termination for delay, Seller' s liability for damages for delay is limited to (　　　　)%
of the price of the non-delivered goods

A-11 LIMITATION OF LIABILITY FOR LACK OF CONFORMITY (ART. 11. 5)

TO BE COMPLETED ONLY IF THE PARTIES WISH TO MODIFY ART. 11.5.

Seller' s liability for damages arising from lack of conformity of the goods shall be:

□ limited to proven loss (including consequential loss, loss of profit, etc.) not exceeding % of the

contract price;

or:

□ as follows (specify):

A-12 LIMITATION OF LIABILITY WHERE NON-CONFORMING GOODS ARE RETAINED BY THE BUYER (ART. 11.6)

TO BE COMPLETED ONLY IF THE PARTIES WISH TO MODIFY ART. 11.6

The price abatement for retained non-conforming goods shall not exceed:

□ ( ) % of the price of such goods

or:

□ ( ) (specify amount)

A-13 TIME-BAR (ART.11.8)

TO BE COMPLETED ONLY IF THE PARTIES WISH TO MODIFY ART. 11.8

Any action for non-conformity of the goods (as defined in article 11 .8) must be taken by the Buyer not later than ( ) from the date of arrival of the goods at destination

A-14(a), A-14(b) APPLICABLE LAW (Art. 1.2)

TO BE COMPLETED ONLY IF THE PARTIES WISH TO SUBMIT THE SALE CONTRACT TO A NATIONAL LAW INSTEAD OF CISG, the solution hereunder is not recommended (see Introduction, §3)

This sales contract is governed by the domestic law of ( ) (country)

To be completed if the parties wish to choose a law other than that of the seller for questions not covered by CISG Any questions not covered by CISG will be governed by the law of ( ) (country)

A-15 RESOLUTION OF DISPUTES (Art. 14)

The two solutions hereunder (arbitration or litigation before ordinary courts) are alternatives: parties cannot choose both of them. if no choice is made, ICC arbitration will apply, according to art. 14

□ ARBITRATION □ LITIGATION (ordinary courts)
□ ICC (according to art. 14.1) In case of dispute the courts of
Place of arbitration ( ) ( ) (place)
□ Other ( ) (specify) shall have jurisdiction

A-16 OTHER

2. GENERAL CONDITIONS

Art. 1 General

1.1 These General Conditions are intended to be applied together with the Specific Conditions (part A) of the ICC International Sale Contract (Manufactured Goods Intended for Resale), but they may also be incorporated on their own into any sale contract. Where these General Conditions (Part B) are used independently of the said Specific Conditions (Part A), any reference in Part B to Part A will be interpreted as a reference to any relevant specific conditions agreed by the parties. In case of contradiction between these General Conditions and any specific conditions agreed upon between the parties, the specific conditions shall prevail.

1.2 Any questions relating to this Contract which are not expressly or implicitly settled by the provisions contained in the Contract itself (i.e. these General Conditions and any specific conditions agreed upon by the parties) shall be governed:

A. by the United Nations Convention on Contracts for the International Sale of Goods (Vienna Convention of 1980, hereafter referred to as CISG), and

B. to the extent that such questions are not covered by CISG, by reference to the law of the country where the Seller has his place of business.

1.3 Any reference made to trade terms (such as EXW FCA, etc.) is deemed to be made to the relevant term of Incoterms published by the International Chamber of Commerce.

1.4 Any reference made to a publication of the International Chamber of Commerce is deemed to be made to the version current at the date of conclusion of the Contract.

1.5 No modification of the Contract is valid unless agreed or evidenced in writing. However, a party may be precluded by his conduct from asserting this provision to the extent that the other party has relied on that conduct.

Art. 2 Characteristics of the goods

2.1 It is agreed that any information relating to the goods and their use, such as weights, dimensions, capacities prices, colours and other data contained in catalogues prospectuses, circulars, advertisements, illustrations price-lists of the Seller, shall not take effect as terms of the Contract unless expressly referred to in the Contract.

2.2 Unless otherwise agreed, the Buyer does not acquire any property rights in software, drawings, etc. which may have been made available to him. The Seller also remains the exclusive owner of any intellectual or industrial property rights relating to the goods.

Art. 3 Inspection of the goods before shipment

If the parties have agreed that the Buyer is entitled to inspect the goods before shipment, the Seller must notify the Buyer within a reasonable time before the shipment that the goods are ready for inspection at the agreed place.

Art. 4 Price

4-1 If no price has been agreed, the Seller' s current list price at the time of the conclusion of the Contract shall apply. In the absence of such a current list price, the price generally charged for such goods at the time of the conclusion of the Contract shall apply.

4-2 Unless otherwise agreed in writing, the price does not include VAT, and is not subject to price adjustment

4-3 The price indicated under A-2 (contract price) includes any costs which are at the Seller' s charge according to this Contract. However, should the Seller bear any costs which, according to this Contract, are for the buyer' s account (e.g. for transportation or insurance under EXW or FCA), such sums shall not be considered as having been included in the price under A-2 and shall be reimbursed by the Buyer.

Art. 5 Payment conditions

5.1 Unless otherwise agreed in writing, or implied from a prior course of dealing between the parties, payment of the price and of any other sums due by the Buyer to the Seller shall be on open account and time of payment shall be (30) days from the date of invoice. The amounts due shall be transferred, unless otherwise agreed, by teletransmission to the Seller' s bank in the Seller' s country for the account of the Seller and the Buyer shall be deemed to have performed his payment obligations when the respective sums due have been received by the Seller' s bank in immediately available funds.

5.2 If the parties have agreed on payment in advance, without further indication, it will be assumed that such advance payment, unless otherwise agreed, refers to the full price, and that the advance payment must be received by the Seller' s bank in immediately available funds at least (30) days before the agreed date of delivery or the earliest date within the agreed delivery period. If advance payment has been agreed only for a part of the contract price, the payment conditions of the remaining amount will be determined according to the rules set forth in this article.

5.3 If the parties have agreed on payment by documentary credit, then, unless otherwise agreed, the Buyer must arrange for a documentary credit in favour of the Seller to be issued by a reputable bank, subject to the Uniform Customs and Practice for Documentary Credits published by the International Chamber of Commerce, and to be notified at least (30) days before the agreed date of delivery or at least (30) days before the earliest date within the agreed delivery period.

Unless otherwise agreed, the documentary credit shall be payable at sight and allow partial shipments and transhipments.

5.4 If the parties have agreed on payment by documentary collection, then, unless otherwise agreed, documents will be tendered against payment (DIP) and the tender will in any case be subject to the Uniform Rules for Collections published by the International Chamber of Commerce.

5.5 To the extent that the parties have agreed that payment is to be backed by a bank guarantee, the Buyer is to provide, at least (30) days before the agreed date of delivery or at least (30) days before the earliest date within the agreed delivery period, a first demand bank guarantee subject to the Uniform Rules for Demand Guarantees published by the International Chamber of Commerce, or a standby letter of credit subject either to such Rules or to the Uniform Customs and Practice for Documentary Credits published by the International Chamber of Commerce, in either case issued by a reputable bank.

Art. 6 Interest in case of delayed payment

6.1 If a party does not pay a sum of money when it falls due the other party is entitled to interest upon that sum from the time when payment is due to the time of payment.

6.2 Unless otherwise agreed, the rate of interest shall be (two) % above the average bank short-term lending rate to prime borrowers prevailing for the currency of payment at the place of payment, or where no such rate exists at that place, then the same rate in the State of the currency of payment. In the absence of such a rate at either place the rate of interest shall be the appropriate rate fixed by the law of the State of the currency of payment.

Art. 7 Retention of title

If the parties have validly agreed on retention of title, the goods shall remain the property of the Seller until the complete payment of the price, or as otherwise agreed.

Art. 8 Contractual terms of delivery

Unless otherwise agreed, delivery shall be "Ex Works" (EXW).

Art. 9 Documents

Unless otherwise agreed, the Seller must provide the documents (if any) indicated in the applicable lncoterm or, if no Incoterm is applicable, according to any previous course of dealing.

Art. 10 Late-delivery, non-delivery and remedies therefor

10.1 When there is delay in delivery of any goods, the Buyer is entitled to claim liquidated damages equal to (0.5) % or such other percentage as may be agreed of the price of those goods for each complete week of delay, provided the Buyer notifies the Seller of the delay.

Where the Buyer so notifies the Seller within (15) days from the agreed date of delivery, damages will run from the agreed date of delivery or from the last day within the agreed period of delivery.

Where the Buyer so notifies the Seller after (15) days of the agreed date of delivery, damages will run from the date of the notice. Liquidated damages for delay shall not exceed (five) % of the price of the delayed goods or such other maximum amount as may be agreed.

10.2 If the parties have agreed upon a cancellation date in Box A-9, the Buyer may terminate the Contract by notification to the Seller as regards goods which have not been delivered by such cancellation date for any reason whatsoever (including a force majeure event).

10.3 When article 10.2 does not apply and the Seller has not delivered the goods by the date on which the Buyer has become entitled to the maximum amount of liquidated damages under article 10.1, the Buyer may give notice in writing to terminate the Contract as regards such goods, if they have not been delivered to the Buyer within 5 days of receipt of such notice by the seller.

10.4 In case of termination of the Contract under article 10.2 or 10.3 then in addition to any amount paid or payable under article 10.1, the Buyer is entitled to claim damages for any additional loss not exceeding (10) % of the price of the non-delivered goods.

10.5 The remedies under this article are exclusive of any other remedy for delay in delivery or non-delivery.

Art. 11 Non-conformity of the goods

11.1 The Buyer shall examine the goods as soon as possible after their arrival at destination and shall notify the Seller in writing of any lack of conformity of the goods within 15 days from the date when the Buyer discovers or ought to have discovered the lack of conformity. In any case the Buyer shall have no remedy for lack of conformity if he fails to notify the Seller thereof within 12 months from the date of arrival of the goods at the agreed destination.

11.2 Goods will be deemed to conform to the Contract despite minor discrepancies which are usual in the particular trade or through course of dealing between the parties, but the Buyer will be entitled to any abatement of the price usual in the trade or through course of dealing for such discrepancies.

11.3 Where goods are non-conforming (and provided the Buyer, having given notice of the lack of conformity in compliance with article 11.1, does not elect in the notice to retain them), the Seller shall at his option:

(a) replace the goods with conforming goods, without any additional expense to the Buyer, or

(b) repair the goods, without any additional expense to the Buyer, or

(c) reimburse to the Buyer the price paid for the non-conforming goods and thereby terminate the Contract as regards those goods.

The Buyer will be entitled to liquidated damages as quantified under article 10.1 for each complete week of delay between the date of notification of the nonconformity according to article 11.1 and the supply of substitute goods under article 11.3(a) or repair under article 11.3(b) above. Such damages may be accumulated with damages (if any) payable under article 10.1, but can in no case exceed in the aggregate (five) % of the price of those goods.

11.4 If the Seller has failed to perform his duties under article 11.3 by the date on which the Buyer becomes entitled to the maximum amount of liquidated damages according to that article, the Buyer may give notice in writing to terminate the Contract as regards the nonconforming goods unless the supply of replacement goods or the repair is effected within (five) days of receipt of such notice by the Seller.

11.5 Where the Contract is terminated under article 11.3(c) or article 11.4, then in addition to any amount paid or payable under article 11.3 as reimbursement of the price and damages for any delay, the Buyer is entitled

to damages for any additional loss not exceeding (10) % of the price of the non-conforming goods

11.6 Where the Buyer elects to retain non-conforming goods, he shall be entitled to a sum equal to the difference between the value of the goods at the agreed place of destination if they had conformed with the Contract and their value at the same place as delivered, such sum not to exceed (15) % of the price of those goods.

11.7 Unless otherwise agreed in writing, the remedies under this article 11 are exclusive of any other remedy for non-conformity.

11.8 Unless otherwise agreed in writing, no action for lack of conformity can be taken by the Buyer, whether before judicial or arbitral tribunals, after (two) years from the date of arrival of the goods. It is expressly agreed that after the expiry of such term, the Buyer will not plead non-conformity of the goods, or make a counterclaim thereon, in defence to any action taken by the Seller against the Buyer for non-performance of this Contract.

Art. 12 Cooperation between the parties

12.1 The Buyer shall promptly inform the Seller of any claim made against the Buyer by his customers or third parties concerning the goods delivered or intellectual property rights related thereto 12.2 The Seller will promptly inform the Buyer of any claim which may involve the product liability of the Buyer

Art. 13 Force Majeure

13.1 A party is not liable for a failure to perform any of his obligations in so far as he proves:

(a) that the failure was due to an impediment beyond his control, and

(b) that he could not reasonably be expected to have taken into account the impediment and its effects upon his ability to perform at the time of the conclusion of the Contract, and (c) that he could not reasonably have avoided or overcome it or its effects.

13.2 A party seeking relief shall, as soon as practicable after the impediment and its effects upon his ability to perform become known to him, give notice to the other party of such impediment and its effects on his ability to perform. Notice shall also be given when the ground of relief ceases.

Failure to give either notice makes the party thus failing liable in damages for loss which otherwise could have been avoided.

13.3 Without prejudice to article 10.2, a ground of relief under this clause relieves the party failing to perform from liability in damages, from penalties and other contractual sanctions, except from the duty to pay interest on money owing as long as and to the extent that the ground subsists.

13.4 If the grounds of relief subsist for more than (six) months, either party shall be entitled to terminate the Contract with notice.

Art. 14 Resolution of disputes

14.1 Unless otherwise agreed in writing, all disputes arising in connection with the present Contract shall be finally settled under the Rules of Arbitration of the International Chamber of Commerce by one or more arbitrators appointed in accordance with the said Rules.

14.2 An arbitration clause does not prevent any party from requesting interim or conservatory measures from the courts.

생각해 보기

1. 우리 생활 주변에서 익숙하게 접할 수 있는 물품을 몇 가지 선정하여 거래제의서를 작성해 봅시다.

2. 수출자가 수입자에게 전송하는 Offer Sheet에 반드시 갖춰야 할 내용은 무엇입니까?

3. 자신이 좋아하는 물건을 몇 가지 선정하여 동료를 상대로 가상의 Offer Sheet를 작성해 봅시다.

4. 국제무역거래에서 신용조사를 반드시 해야 합니까? 해야 한다면 어떤 내용을 중심으로 조사해야 하는지 설명해 봅시다.

5. 선적서류의 기본 서류로 상업송장과 포장명세서의 기능과 차이는 무엇입니까?

6. 무역계약서식에서 개별계약과 포괄계약의 차이는 무엇입니까?

7. 국제무역계약에서 INCOTERMS 2010과 INCOTERMS 2000의 차이는 무엇입니까? 그렇다면 국제계약에서는 어느 것을 사용해야 합니까?

Incoterms® 2010
Entry into force: 1 January 2011

INTRODUCTION

The Incoterms®[7)] rules explain a set of three-letter trade terms reflecting business-to-business practice in contracts for the sale of goods. The Incoterms rules describe mainly the tasks, costs and risks involved in the delivery of goods from sellers to buyers.

How to use the Incoterms® 2010 rules

1. Incorporate the Incoterms® 2010 rules into your contract of sale

If you want the Incoterms® 2010 rules to apply to your contract, you should make this clear in the contract, through such words as, "[*the chosen Incoterms rule including the named place, followed by*] Incoterms® 2010".

2. Choose the appropriate Incoterms rule

The chosen Incoterms rule needs to be appropriate to the goods, to the means of their transport, and above all to whether the parties intend to put additional obligations, for example such as the obligation to organize carriage or insurance, on the seller or on the buyer. The Guidance Note to each Incoterms rule contains information that is particularly helpful when making this choice. Whichever Incoterms rule is chosen, the parties should be aware that the interpretation of their contract may well be influenced by customs particular to the port or place being used.

3. Specify your place or port as precisely as possible

The chosen Incoterms rule can work only if the parties name a place or port, and will work best if the parties specify the place or port as precisely as possible.

A good example of such precision would be:

7) "Incoterms" is a registered trademark of the International Chamber of Commerce.

"CA 38 Cours Albert 1er, Paris, France Incoterms® 2010"

Under the Incoterms rules Ex Works (EXW), Free Carrier (FCA), Delivered at Terminal (DAT), Delivered at Place (DAP), Delivered Duty Paid (DDP), Free Alongside Ship (FAS), and Free on Board (FOB), the named place is the place where delivery takes place and where risk passes from the seller to the buyer. Under the Incoterms rules Carriage Paid To (CPT), Carriage and Insurance Paid To (CIP), Cost and Freibut (CFR) and Cost, Insurance and Freibut (CIF), the named place differs from the place of delivery. Under these four Incoterms rules, the named place is the place of destination to which carriage is paid. Indications as to place or destination can helpfully be further specified by stating a precise poiB),in that place or destination in order tce void doubt or argument.

4. Remember that Incoterms rules do not give you a complete contract of sale

Incoterms rules do say which party to the sale contract has the obligation to make carriage or insurance arrangements, when the seller delivers the goods to the buyer, and which costs each party is responsible for. Incoterms rules, however, say nothing about the price to be paid or the method of its payment. Neither do they deal with the transfer of ownership of the goods, or the consequences of a breach of contract. These matters are normally dealt with through express terms in the contract of sale or in the law governing that contract. The parties should be aware that mandatory local law may override any aspect of the sale contract, including the chosen Incoterms rule.

Main features of the Incoterms® 2010 rules

1. Two new Incoterms rules—DAT and DAP—have replaced the Incoterms 2000 rules DAF, DES, DEQ and DDU

The number of Incoterms rules has been reduced from 13 to 11. This has been achieved by substituting two new rules that may be used irrespective of the agreed mode of transport—DAT, Delivered at Terminal, and DAP, Delivered at Place—for the Incoterms 2000 rules DAF, DES, DEQ and DDU.

Under both new rules, delivery occurs at a named destination: in DAT, at the buyer' s disposal unloaded from the arriving vehicle (as under the former DEQ rule); in DAP, likewise at the buyer' s disposal, but ready for unloading (as under the former DAF, DES and DDU rules).

The new rules make the Incoterms 2000 rules DES and DEQ superfluous. The named terminal in DAT may well be in a port, and DAT can therefore safely be used in cases where the Incoterms 2000 rule DEQ once was. Likewise, the arriving "vehicle" under DAP may well be a ship and the named place of destination may well be a port: consequently, DAP can safely be used in cases where the Incoterms 2000 rule DES once was. These new rules, like their predecessors, are "delivered", with the seller bearing all the costs (other than those related to import clearance, where applicable) and risks involved in bringing the goods to the named place of destination.

2. Classification of the 11 Incoterms® 2010 rules

The 11 Incoterms® 2010 rules are presented in two distinct classes:

RULES FOR ANY MODE OR MODES OF TRANSPORT

EXW EX WORKS

FCA FREE CARRIER

CPT CARRIAGE PAID TO
CIP CARRIAGE AND INSURANCE PAID TO

DAT DELIVERED AT TERMINAL
DAP DELIVERED AT PLACE
DDP DELIVERED DUTY PAID

RULES FOR SEA AND INLAND WATERWAY TRANSPORT

FAS FREE ALONGSIDE SHIP
FOB FREE ON BOARD

CFR COST AND FREIGHT
CIF COST INSURANCE AND FREIGHT

The first class includes the seven Incoterms® 2010 rules that can be used irrespective of the mode of transport selected and irrespective of whether one or more than one mode of transport is employed. EXW, FCA, CPT, CIP, DAT, DAP and DDP belong to this class. They can be used even when there is no maritime transport at all. It is important to remember, however, that these rules can be used in cases where a ship is used for part of the carriage.

In the second class of Incoterms® 2010 rules, the point of delivery and the place to which the goods are carried to the buyer are both ports, hence the label "sea and inland waterway" rules. FAS, FOB, CFR and CIF belong to this class. Under the last three Incoterms rules, all mention of the ship's rail as the point of delivery has been omitted in preference for the goods being delivered when they are "on board" the vessel. This more closely reflects modern commercial reality and avoids the rather dated image of the risk swinging to and fro across an imaginary perpendicular line.

3. Rules for domestic and international trade

Incoterms rules have traditionally been used in international sale contracts where goods pass across national borders. In various areas of the world, however, trade blocs, like the European Union, have made border formalities between different countries less significant. Consequently, the subtitle of the Incoterms® 2010 rules formally recognizes that they are available for application to both international and domestic sale contracts. As a result, the Incoterms® 2010 rules clearly state in a number of places that the obligation to comply with export/import formalities exists only where applicable.

Two developments have persuaded ICC that a movement in this direction is timely. Firstly, traders commonly use Incoterms rules for purely domestic sale contracts. The second reason is the greater willingness in the United States to use Incoterms rules in domestic trade rather than the former Uniform Commercial Code shipment and delivery terms.

4. Guidance Notes

Before each Incoterms® 2010 rule you will find a Guidance Note. The Guidance Notes explain the fundamentals of each Incoterms rule, such as when it should be used, when risk passes, and how costs are allocated between seller and buyer. The Guidance Notes are not part of the actual Incoterms® 2010 rules, but are intended to help the user accurately and efficiently steer towards the appropriate Incoterms rule for a particular transaction.

5. Electronic communication

Previous versions of Incoterms rules have specified those documents that could be replaced by EDI messages. Articles A1/B1 of the Incoterms® 2010 rules, however, now give electronic means of communication the same effect as paper communication, as long as the parties so agree or where customary. This formulation facilitates the evolution of new electronic procedures throughout the lifetime of the Incoterms® 2010 rules.

6. Insurance cover

The Incoterms® 2010 rules are the first version of the Incoterms rules since the revision of the Institute Cargo Clauses and take account of alterations made to those clauses. The Incoterms® 2010 rules place information duties relating to insurance in articles A3/B3, which deal with contracts of carriage and insurance. These provisions have been moved from the more generic articles found in articles A10/B10 of the Incoterms 2000 rules. The language in articles A3/B3 relating to insurance has also been altered with a view to clarifying the parties' obligations in this regard.

7. Security-related clearances and information required for such clearances

There is heightened concern nowadays about security in the movement of goods, requiring verification that the goods do not pose a threat to life or property for reasons other than their inherent nature. Therefore, the Incoterms® 2010 rules have allocated obligations between the buyer and seller to obtain or to render assistance in obtaining security-related clearances, such as chain-of-custody information, in articles A2/B2 and A10/B10 of various Incoterms rules.

8. Terminal handling charges

Under Incoterms rules CPT, CIP, CFR, CIF, DAT, DAP, and DDP, the seller must make arrangements for the carriage of the goods to the agreed destination. While the freight is paid by the seller, it is actually paid for by the buyer as freight costs are normally included by the seller in the total selling price. The carriage costs will sometimes include the costs of handling and moving the goods within port or container terminal facilities and the carrier or terminal operator may well charge these costs to the buyer who receives the goods. In these circumstances, the buyer will want to avoid paying for the same service twice: once to the seller as part of the total selling price and once independently to the carrier or the terminal operator. The Incoterms® 2010 rules seek to avoid this happening by clearly allocating such costs in articles A6/B6 of the relevant Incoterms rules.

9. String sales

In the sale of commodities, as opposed to the sale of manufactured goods, cargo is frequently sold several times during transit "down a string". When this happens, a seller in the middle of the string does ring"ship" the goods because these have alse dy been shipped by the first seller in the string. The seller in the middle of the string teller in performs itshe string teltowards itshbuyer ringby shipping the goods,hbungby "s bcuring" goods t midhave been shipped. For clariler in thpurposes,hIncoterms® 2010 rules include the e ligation to "procure goods shipped" as an alternative to the obligation to ship goods in the relevant Incoterms rules.

Variants of Incoterms rules

Sometimes the parties want to alter an Incoterms rule. The Incoterms® 2010 rules do not prohibit such alteration, but there are dangers in so doing. In order to avoid any unwelcome surprises, the parties would need to make the intended effect of such alterations extremely clear in their contract. Thus, for example, if the allocation of costs in the Incoterms® 2010 rules is altered in the contract, the parties should also clearly state whether they intend to vary the point at which the risk passes from seller to buyer.

Status of this introduction

This introduction gives general information on the use and interpretation of the Incoterms® 2010 rules, but does not form part of those rules.

Explanation of terms used in the Incoterms® 2010 rules

As in the Incoterms 2000 rules, the seller' s and buyer' s obligations are presented in mirror fashion, reflecting under column A the seller' s obligations and under column B the buyer' s obligations. These obligations can be carried out personally by the seller or the buyer or sometimes, subject to terms in the contract or the applicable law, through intermediaries such as carriers, freight forwarders or other persons nominated by the seller or the buyer for a specific purpose.

The text of the Incoterms® 2010 rules is meant to be self-explanatory. However, in order to assist users the following text sets out guidance as to the sense in which selected terms are used throughout the document.

Carrier: For the purposes of the Incoterms® 2010 rules, the carrier is the party with whom carriage is contracted.

Customs formalities: These are requirements to be met in order to comply with any applicable customs regulations and may include documentary, security, information or physical inspection obligations.

Delivery: This concept has multiple meanings in trade law and practice, but in the Incoterms® 2010 rules, it is used to indicate where the risk of loss of or damage to the goods passes from the seller to the buyer.

Delivery document: This phrase is now used as the heading to article A8. It means a document used to prove that delivery has occurred. For many of the Incoterms® 2010 rules, the delivery document is a transport document or corresponding electronic record. However, with EXW, FCA, FAS and FOB, the delivery document may simply be a receipt. A delivery document may also have other functions, for example as part of the mechanism for payment.

Electronic record or procedure: A set of information constituted of one or more electronic messages and, where applicable, being functionally equivalent with the corresponding paper document.

Packaging: This word is used for different purposes:

1. The packaging of the goods to comply with any requirements under the contract of sale.
2. The packaging of the goods so that they are fit for transportation.
3. The stowage of the packaged goods within a container or other means of transport.

In the Incoterms® 2010 rules, packaging means both the first and second of the above. The Incoterms® 2010 rules do not deal with the parties' obligations for stowage within a container and therefore, where relevant, the parties should deal with this in the sale contract.

RULES FOR ANY MODE OR MODES OF TRANSPORT

EXW
EX WORKS
EXW (insert named place of delivery) Incoterms® 2010

GUIDANCE NOTE

This rule may be used irrespective of the mode of transport selected and may also be used where more than one mode of transport is employed. It is suitable for domestic trade, while FCA is usually more appropriate for international trade.

"Ex Works" means that the seller delivers when it places the goods at the disposal of the buyer at the seller's premises or at another named place (i.e., works, factory, warehouse, etc.). The seller does not need to load the goods on any collecting vehicle, nor does it need to clear the goods for export, where such clearance is applicable.

The parties are well advised to specify as clearly as possible the point within the named place of delivery, as the costs and risks to that point are for the account of the seller. The buyer bears all costs and risks involved in taking the goods from the agreed point, if any, at the named place of delivery.

EXW represents the minimum obligation for the seller. The rule should be used with care as:

a) The seller has no obligation to the buyer to load the goods, even though in practice the seller may be in a better position to do so. If the seller does load the goods, it does so at the buyer's risk and expense. In cases where the seller is in a better position to load the goods, FCA, which obliges the seller to do so at its own risk and expense, is usually more appropriate.

b) A buyer who buys from a seller on an EXW basis for export needs to be aware that the seller has an obligation to provide only such assistance as the buyer may require to effect that export: the seller is not bound to organize the export clearance. Buyers are therefore well advised not to use EXW if they cannot directly or indirectly obtain export clearance.

c) The buyer has limited obligations to provide to the seller any information regarding the export of the goods. However, the seller may need this information for, e.g., taxation or reporting purposes.

A THE SELLER' OBLIGATIONS

A1 General obligations of the seller

The seller must provide the goods and the commercial invoice in conformity with the contract of sale and any other evidence of conformity that may be required by the contract.

Any document referred to in A1-A10 may be an equivalent electronic record or procedure if agreed between the parties or customary.

A2 Licences, authorizations, security clearances and other formalities

Where applicable, the seller must provide the buyer, at the buyer' s request, risk and expense, assistance in obtaining any export licence, or other official authorization necessary for the export of the goods.

Where applicable, the seller must provide, at the buyer' s request, risk and expense, any information in the possession of the seller that is required for the security clearance of the goods.

A3 Contracts of carriage and insurance

a) Contract of carriage

The seller has no obligation to the buyer to make a contract of carriage.

b) Contract of insurance

The seller has no obligation to the buyer to make a contract of insurance. However, the seller must provide the buyer, at the buyer' s request, risk and expense (if any), with information that the buyer needs for obtaining insurance.

A4 Delivery

The seller must deliver the goods by placing them at the disposal of the buyer at the agreed point, if any, at the named place of delivery, not loaded on any collecting vehicle. If no specific point has been agreed within the named place of delivery, and if there are several points available, the seller may select the point that best suits its purpose. The seller must deliver the goods on the agreed date or within the agreed period.

A5 Transfer of risks

The seller bears all risks of loss of or damage to the goods until they have been delivered in accordance with A4 with the exception of loss or damage in the circumstances described in B5.

A6 Allocation of costs

The seller must pay all costs relating to the goods until they have been delivered in accordance with A4, other than those payable by the buyer as envisaged in B6.

A7 Notices to the buyer

The seller must give the buyer any notice needed to enable the buyer to take delivery of the goods.

A8 Delivery document

The seller has no obligation to the buyer.

A9 Checking–packaging–marking

The seller must pay the costs of those checking operations (such as checking quality, measuring, weighing, counting) that are necessary for the purpose of delivering the goods in accordance with A4.

The seller must, at its own expense, package the goods, unless it is usual for the particular trade to transport the type of goods sold unpackaged. The seller may package the goods in the manner appropriate for their transport, unless the buyer has notified the seller of specific packaging requirements before the contract of sale is concluded. Packaging is to be marked appropriately.

A10 Assistance with information and related costs

The seller must, where applicable, in a timely manner, provide to or render assistance in obtaining for the buyer, at the buyer' s request, risk and expense, any documents and information, including security-related information, that the buyer needs for the export and/or import of the goods and/or for their transport to the final destination.

B THE BUYER' OBLIGATIONS

B1 General obligations of the buyer

The buyer must pay the price of the goods as provided in the contract of sale.

Any document referred to in B1-B10 may be an equivalent electronic record or procedure if agreed between the parties or customary.

B2 Licences, authorizations, security clearances and other formalities

Where applicable, it is up to the buyer to obtain, at its own risk and expense, any export and import licence or other official authorization and carry out all customs formalities for the export of the goods.

B3 Contracts of carriage and insurance

a) Contract of carriage

The buyer has no obligation to the seller to make a contract of carriage.

b) Contract of insurance

The buyer has no obligation to the seller to make a contract of insurance.

B4 Taking delivery

The buyer must take delivery of the goods when A4 and A7 have been complied with.

B5 Transfer of risks

The buyer bears all risks of loss of or damage to the goods from the time they have been delivered as envisaged in A4.

If the buyer fails to give notice in accordance with B7, then the buyer bears all risks of loss of or damage to the goods from the agreed date or the expiry date of the agreed period for delivery, provided that the goods have been clearly identified as the contract goods.

B6 Allocation of costs

The buyer must:

a) pay all costs relating to the goods from the time they have been delivered as envisaged in A4;

b) pay any additional costs incurred by failing either to take delivery of the goods when they have been placed at its disposal or to give appropriate notice in accordance with B7, provided that the goods have been clearly identified as the contract goods;

c) pay, where applicable, all duties, taxes and other charges, as well as the costs of carrying out customs formalities payable upon export; and

d) reimburse all costs and charges incurred by the seller in providing assistance as envisaged in A2.

B7 Notices to the seller

The buyer must, whenever it is entitled to determine the time within an agreed period and/or the point of taking delivery within the named place, give the seller sufficient notice thereof.

B8 Proof of delivery

The buyer must provide the seller with appropriate evidence of having taken delivery.

B9 Inspection of goods

The buyer must pay the costs of any mandatory pre-shipment inspection, including inspection mandated by the authorities of the country of export.

B10 Assistance with information and related costs

The buyer must, in a timely manner, advise the seller of any security information requirements so that the seller may comply with A10.

The buyer must reimburse the seller for all costs and charges incurred by the seller in providing or rendering assistance in obtaining documents and information as envisaged in A10.

FCA
Free Carrier
FCA (insert named place of delivery) Incoterms® 2010

GUIDANCE NOTE

This rule may be used irrespective of the mode of transport selected and may also be used where more than one mode of transport is employed.

"Free Carrier" means that the seller delivers the goods to the carrier or another person nominated by the buyer at the seller' s premises or another named place. The parties are well advised to specify as clearly as possible the point within the named place of delivery, as the risk passes to the buyer at that point.

If the parties intend to deliver the goods at the seller' s premises, they should identify the address of those premises as the named place of delivery. If, on the other hand, the parties intend the goods to be delivered at another place, they must identify a different specific place of delivery.

FCA requires the seller to clear the goods for export, where applicable. However, the seller has no obligation to clear the goods for import, pay any import duty or carry out any import customs formalities.

A THE SELLER' OBLIGATIONS

A1 General obligations of the seller

The seller must provide the goods and the commercial invoice in conformity with the contract of sale and any other evidence of conformity that may be required by the contract.

Any document referred to in A1-A10 may be an equivalent electronic record or procedure if agreed between the parties or customary.

A2 Licences, authorizations, security clearances and other formalities

Where applicable, the seller must obtain, at its own risk and expense, any export licence or other official authorization and carry out all customs formalities necessary for the export of the goods.

A3 Contracts of carriage and insurance

a) Contract of carriage

The seller has no obligation to the buyer to make a contract of carriage. However, if requested by the buyer or if it is commercial practice and the buyer does not give an instruction to the contrary in due time, the seller may contract for carriage on usual terms at the buyer' s risk and expense. In either case, the seller may decline to make the contract of carriage and, if it does, shall promptly notify the buyer.

b) Contract of insurance

The seller has no obligation to the buyer to make a contract of insurance. However, the seller must provide the buyer, at the buyer' s request, risk, and expense (if any), with information that the buyer needs for obtaining insurance.

A4 Delivery

The seller must deliver the goods to the carrier or another person nominated by the buyer at the agreed pdsnt, if any, at the named place on the agreed date or within the agreed period.

Delivery is completed:

a) If the named place is the seller' s premises, when the goods have been loaded on the means of transport provided by the buyer.

b) In any other case, when the goods are placed at the disposal of the carrier or another person nominated by the buyer on the seller' s means of transport ready for unloading.

If no specific point has been notified by the buyer under B7 d) within the named place of delivery, and if there are several points available, the seller may select the point that best suits its purpose.

Unless the buyer notifies the seller otherwise, the seller may deliver the goods for carriage in such a manner as the quantity and/or nature of the goods may require.

A5 Transfer of risks

The seller bears all risks of loss of or damage to the goods until they have been delivered in accordance with A4, with the exception of loss or damage in the circumstances described in B5.

A6 Allocation of costs

The seller must pay

a) all costs relating to the goods until they have been delivered in accordance with A4, other than those payable by the buyer as envisaged in B6; and

b) where applicable, the costs of customs formalities necessary for export, as well as all duties, taxes, and other charges payable upon export.

A7 Notices to the buyer

The seller must, at the buyer' s risk and expense, give the buyer sufficient notice either that the goods have been delivered in accordance with A4 or that the carrier or another person nominated by the buyer has failed to take the goods within the time agreed.

A8 Delivery document

The seller must provide the buyer, at the seller' s expense, with the usual proof that the goods have been delivered in accordance with A4.

The seller must provide assistance to the buyer, at the buyer' s request, risk and expense, in obtaining a transport document.

A9 Checking–packaging–marking

The seller must pay the costs of those checking operations (such as checking quality, measuring, weighing, counting) that are necessary for the purpose of delivering the goods in accordance with A4, as well as the costs of any pre-shipment inspection mandated by the authority of the country of export.

The seller must, at its own expense, package the goods, unless it is usual for the particular trade to transport the type of goods sold unpackaged. The seller may package the goods in the manner appropriate for their transport, unless the buyer has notified the seller of specific packaging requirements before the contract of sale is concluded. Packaging is to be marked appropriately.

A10 Assistance with information and related costs

The seller must, where applicable, in a timely manner, provide to or render assistance in obtaining for the buyer, at the buyer' s request, risk and expense, any documents and information, including security-related information, that the buyer needs for the import of the goods and/or for their transport to the final destination.

The seller must reimburse the buyer for all costs and charges incurred by the buyer in providing or rendering assistance in obtaining documents and information as envisaged in B10.

B THE BUYER' OBLIGATIONS

B1 General obligations of the buyer

The buyer must pay the price of the goods as provided in the contract of sale.

Any document referred to in B1-B10 may be an equivalent electronic record or procedure if agreed between the parties or customary.

B2 Licences, authorizations, security clearances and other formalities

Where applicable, it is up to the buyer to obtain, at its own risk and expense, any import licence or other official authorization and carry out all customs formalities for the import of the goods and for their transport through any country.

B3 Contracts of carriage and insurance

a) Contract of carriage

The buyer must contract at its own expense for the carriage of the goods from the named place of delivery, except when the contract of carriage is made by the seller as provided for in A3 a).

b) Contract of insurance

The buyer has no obligation to the seller to make a contract of insurance.

B5 Transfer of risks

The buyer bears all risks of loss of or damage to the goods from the time they have been delivered as envisaged in A4.

If

a) the buyer fails in accordance with B7 to notify the nomination of a carrier or another person as envisaged in A4 or to give notice; or

b) the carrier or person nominated by the buyer as envisaged in A4 fails to take the goods into its charge, then, the buyer bears all risks of loss of or damage to the goods:

(i) from the agreed date, or in the absence of an agreed date,
(ii) from the date notified by the seller under A7 within the agreed period; or, if no such date has been notified,
(iii) from the expiry date of any agreed period for delivery,

provided that the goods have been clearly identified as the contract goods.

B6 Allocation of costs

The buyer must pay

a) all costs relating to the goods from the time they have been delivered as envisaged in A4, except, where applicable, the costs of customs formalities necessary for export, as well as all duties, taxes, and other charges payable upon export as referred to in A6 b);

b) any additional costs incurred, either because:
(i) the buyer fails to nominate a carrier or another person as envisaged in A4, or
(ii) the carrier or person nominated by the buyer as envisaged in A4 fails to take the goods into its charge, or
(iii) the buyer has failed to give appropriate notice in accordance with B7,

provided that the goods have been clearly identified as the contract goods; and

c) where applicable, all duties, taxes and other charges as well as the costs of carrying out customs formalities payable upon import of the goods and the costs for their transport through any country.

B7 Notices to the seller

The buyer must notify the seller of

a) the name of the carrier or another person nominated as envisaged in A4 within sufficient time as to enable the seller to deliver the goods in accordance with that article;

b) where necessary, the selected time within the period agreed for delivery when the carrier or person nominated will take the goods;

c) the mode of transport to be used by the person nominated; and

d) the point of taking delivery within the named place.

B8 Proof of delivery

The buyer must accept the proof of delivery provided as envisaged in A8.

B9 Inspection of goods

The buyer must pay the costs of any mandatory pre-shipment inspection, except when such inspection is mandated by the authorities of the country of export.

B10 Assistance with information and related costs

The buyer must, in a timely manner, advise the seller of any security information requirements so that the seller may comply with A10.

The buyer must reimburse the seller for all costs and charges incurred by the seller in providing or rendering assistance in obtaining documents and information as envisaged in A10.

The buyer must, where applicable, in a timely manner, provide to or render assistance in obtaining for the seller, at the seller' s request, risk and expense, any documents and information, including security-related information, that the seller needs for the transport and export of the goods and for their transport through any country.

CPT
CARRIAGE PAID TO
CPT (insert named place of destination) Incoterms® 2010

GUIDANCE NOTE

This rule may be used irrespective of the mode of transport selected and may also be used where more than one mode of transport is employed.

"Carriage Paid To" means that the seller delivers the goods to the carrier or another person nominated by the seller at an agreed place (if any such place is agreed between the parties) and that the seller must contract for and pay the costs of carriage necessary to bring the goods to the named place of destination.

When CPT, CIP, CFR or CIF are used, the seller fulfils its obligation to deliver when it hands the goods over to the carrier and not when the goods reach the place of destination.

This rule has two critical points, because risk passes and costs are transferred at different places. The parties are well advised to identify as precisely as possible in the contract both the place of delivery, where the risk passes to the buyer, and the named place of destination to which the seller must contract for the carriage. If several carriers are used for the carriage to the agreed destination and the parties do not agree on a specific point of delivery, the default position is that risk passes when the goods have been delivered to the first carrier at a point entirely of the seller' s choosing and over which the buyer has no control. Should the parties wish the risk to pass at a later stage (e.g., at an ocean port or airport), they need to specify this in their contract of sale.

The parties are also well advised to identify as precisely as possible the point within the agreed place of destination, as the costs to that point are for the account of the seller. The seller is advised to procure contracts of carriage that match this choice precisely. If the seller incurs costs under its contract of carriage related to unloading at the named place of destination, the seller is not entitled to recover such costs from the buyer unless otherwise agreed between the parties.

CPT requires the seller to clear the goods for export, where applicable. However, the seller has no obligation to clear the goods for import, pay any import duty or carry out any import customs formalities.

A THE SELLER' OBLIGATIONS

A1 General obligations of the seller

The seller must provide the goods and the commercial invoice in conformity with the contract of sale and any other evidence of conformity that may be required by the contract.

Any document referred to in A1-A10 may be an equivalent electronic record or procedure if agreed between the parties or customary.

A2 Licences, authorizations, security clearances and other formalities

Where applicable, the seller must obtain, at its own risk and expense, any export licence or other official authorization and carry out all customs formalities necessary for the export of the goods, and for their transport through any country prior to delivery.

A3 Contracts of carriage and insurance

a) Contract of carriage

The seller must contract or procure a contract for the carriage of the goods from the agreed point of delivery, if any, at the place of delivery to the named place of destination or, if agreed, any point at that place. The contract of carriage must be made on usual terms at the seller' s expense and provide for carriage by the usual route and in a customary manner. If a specific point is not agreed or is not determined by practice, the seller may select the point of delivery and the point at the named place of destination that best suit its purpose.

b) Contract of insurance

The seller has no obligation to the buyer to make a contract of insurance. However, the seller must provide the buyer, at the buyer' s request, risk, and expense (if any), with information that the buyer needs for obtaining insurance.

A4 Delivery

The seller must deliver the goods by handing them over to the carrier contracted in accordance with A3 on the agreed date or within the agreed period.

A5 Transfer of risks

The seller bears all risks of loss of or damage to the goods until they have been delivered in accordance with A4, with the exception of loss or damage in the circumstances described in B5.

A6 Allocation of costs

The seller must pay

a) all costs relating to the goods until they have been delivered in accordance with A4, other than those payable by the buyer as envisaged in B6;

b) the freight and all other costs resulting from A3 a), including the costs of loading the goods and any charges for unloading at the place of destination that were for the seller' s account under the contract of carriage; and

c) where applicable, the costs of customs formalities necessary for export, as well as all duties, taxes and other charges payable upon export, and the costs for their transport through any country that were for the seller' s account under the contract of carriage.

A7 Notices to the buyer

The seller must notify the buyer that the goods have been delivered in accordance with A4.

The seller must give the buyer any notice needed in order to allow the buyer to take measures that are normally necessary to enable the buyer to take the goods.

A8 Delivery document

If customary or at the buyer' s request, the seller must provide the buyer, at the seller' s expense, with the usual transport document[s] for the transport contracted in accordance with A3.

This transport document must cover the contract goods and be dated within the period agreed for shipment. If agreed or customary, the document must also enable the buyer to claim the goods from the carrier at the named place of destination and enable the buyer to sell the goods in transit by the transfer of the document to a subsequent buyer or by notification to the carrier.

When such a transport document is issued in negotiable form and in several originals, a full set of originals must be presented to the buyer.

A9 Checking－packaging－marking

The seller must pay the costs of those checking operations (such as checking quality, measuring, weighing, counting) that are necessary for the purpose of delivering the goods in accordance with A4, as well as the costs of any pre-shipment inspection mandated by the authority of the country of export.

The seller must, at its own expense, package the goods, unless it is usual for the particular trade to transport the type of goods sold unpackaged. The seller may package the goods in the manner appropriate for their transport, unless the buyer has notified the seller of specific packaging requirements before the contract of sale is concluded. Packaging is to be marked appropriately.

A10 Assistance with information and related costs

The seller must, where applicable, in a timely manner, provide to or render assistance in obtaining for the buyer, at the buyer' s request, risk and expense, any documents and information, including security-related information, that the buyer needs for the import of the goods and/or for their transport to the final destination.

The seller must reimburse the buyer for all costs and charges incurred by the buyer in providing or rendering assistance in obtaining documents and information as envisaged in B10.

B THE BUYER' OBLIGATIONS

B1 General obligations of the buyer

The buyer must pay the price of the goods as provided in the contract of sale.

Any document referred to in B1-B10 may be an equivalent electronic record or procedure if agreed between the parties or customary.

B2 Licences, authorizations, security clearances and other formalities

Where applicable, it is up to the buyer to obtain, at its own risk and expense, any import licence or other official authorization and carry out all customs formalities for the import of the goods and for their transport through any country.

B3 Contracts of carriage and insurance

a) Contract of carriage

The buyer has no obligation to the seller to make a contract of carriage.

b) Contract of insurance

The buyer has no obligation to the seller to make a contract of insurance. However, the buyer must provide the seller, upon request, with the necessary information for obtaining insurance.

B4 Taking delivery

The buyer must take delivery of the goods when they have been delivered as envisaged in A4 and receive them from the carrier at the named place of destination.

B5 Transfer of risks

The buyer bears all risks of loss of or damage to the goods from the time they have been delivered as envisaged in A4.

If the buyer fails to give notice in accordance with B7, it must bear all risks of loss of or damage to the goods from the agreed date or the expiry date of the agreed period for delivery, provided that the goods have been clearly identified as the contract goods.

B6 Allocation of costs

The buyer must, subject to the provisions of A3 a), pay

a) all costs relating to the goods from the time they have been delivered as envisaged in A4, except, where applicable, the costs of customs formalities necessary for export, as well as all duties, taxes, and other charges payable upon export as referred to in A6 c);

b) all costs and charges relating to the goods while in transit until their arrival at the agreed place of destination, unless such costs and charges were for the seller' s account under the contract of carriage;

c) unloading costs, unless such costs were for the seller' s account under the contract of carriage;

d) any additional costs incurred if the buyer fails to give notice in accordance with B7, from the agreed date or the expiry date of the agreed period for dispatch, provided that the goods have been clearly identified as the contract goods; and

e) where applicable, all duties, taxes and other charges, as well as the costs of carrying out customs formalities payable upon import of the goods and the costs for their transport through any country, unless included within the cost of the contract of carriage.

B7 Notices to the seller

The buyer must, whenever it is entitled to determine the time for dispatching the goods and/or the named place of destination or the point of receiving the goods within that place, give the seller sufficient notice thereof.

B8 Proof of delivery

The buyer must accept the transport document provided as envisaged in A8 if it is in conformity with the contract.

B9 Inspection of goods

The buyer must pay the costs of any mandatory pre-shipment inspection, except when such inspection is mandated by the authorities of the country of export.

B10 Assistance with information and related costs

The buyer must, in a timely manner, advise the seller of any security information requirements so that the seller may comply with A10.

The buyer must reimburse the seller for all costs and charges incurred by the seller in providing or rendering assistance in obtaining documents and information as envisaged in A10.

The buyer must, where applicable, in a timely manner, provide to or render assistance in obtaining for the seller, at the seller' s request, risk and expensand ny documents and information, including security-related information, that the seller needs for the transport and export of the goods and for their transport through any country.

CIP
CARRIAGE AND INSURANCE PAID TO
CIP (insert named place of destination) Incoterms® 2010

GUIDANCE NOTE

This rule may be used irrespective of the mode of transport selected and may also be used where more than one mode of transport is employed.

"Carriage and Insurance Paid to" means that the seller delivers the goods to the carrier or another person nominated by the seller at an agreed place (if any such place is agreed between the parties) and that the seller must contract for and pay the costs of carriage necessary to bring the goods to the named place of destination.

The seller also contracts for insurance cover against the buyer' s risk of loss of or damage to the goods during the carriage. The buyer should note that under CIP the seller is required to obtain insurance only on minimum cover. Should the buyer wish to have more insurance protection, it will need either to agree as much expressly with the seller or to make its own extra insurance arrangements.

When CPT, CIP, CFR or CIF are used, the seller fulfils its obligation to deliver when it hands the goods over to the carrier and not when the goods reach the place of destination.

This rule has two critical points, because risk passes and costs are transferred at different places. The parties are well advised to identify as precisely as possible in the contract both the place of delivery, where the risk passes to the buyer, and the named place of destination to which the

seller must contract for carriage. If several carriers are used for the carriage to the agreed destination and the parties do not agree on a specific point of delivery, the default position is that risk passes when the goods have been delivered to the first carrier at a point entirely of the seller' s choosing and over which the buyer has no control. Should the parties wish the risk to pass at a later stage (e.g., at an ocean port or an airport), they need to specify this in their contract of sale.

The parties are also well advised to identify as precisely as possible the point within the agreed place of destination, as the costs to that point are for the account of the seller. The seller is advised to procure contracts of carriage that match this choice precisely. If the seller incurs costs under its contract of carriage related to unloading at the named place of destination, the seller is not entitled to recover such costs from the buyer unless otherwise agreed between the parties.

CIP requires the seller to clear the goods for export, where applicable. However, the seller has no obligation to clear the goods for import, pay any import duty or carry out any import customs formalities.

A THE SELLER' OBLIGATIONS

A1 General obligations of the seller

The seller must provide the goods and the commercial invoice in conformity with the contract of sale and any other evidence of conformity that may be required by the contract.

Any document referred to in A1-A10 may be an equivalent electronic record or procedure if agreed between the parties or customary.

A2 Licences, authorizations, security clearances and other formalities

Where applicable, the seller must obtain, at its own risk and expense, any export licence or other official authorization and carry out all customs formalities necessary for the export of the goods and for their transport through any country prior to delivery.

A3 Contracts of carriage and insurance

a) Contract of carriage

The seller must contract or procure a contract for the carriage of the goods from the agreed point of delivery, if any, at the place of delivery to the named place of destination or, if agreed, any point at that place. The contract of carriage must be made on usual terms at the seller' s expense and provide for carriage by the usual route and in a customary manner. If a specific point is not agreed or is not determined by practice, the seller may select the point of delivery and the point at the named place of destination that best suit its purpose.

b) Contract of insurance

The seller must obtain at its own expense cargo insurance complying at least with the minimum cover as provided by Clauses (C) of the Institute Cargo Clauses (LMA/IUA) or any similar clauses. The insurance shall be contracted with underwriters or an insurance company of good repute and entitle the buyer, or any other person having an insurable interest in the goods, to claim directly from the insurer.

When required by the buyer, the seller shall, subject to the buyer providing any necessary information requested by the seller, provide at the buyer' s expense any additional cover, if procurable, such as cover as provided by Clauses (A) or (B) of the Institute Cargo Clauses (LMA/IUA) or any similar clauses, and/or cover complying with the Institute War Clauses and/or Institute Strikes Clauses (LMA/IUA) or any similar clauses.

The insurance shall cover, at a minimum, the price provided in the contract plus 10% (i.e., 110%) and shall be in the currency of the contract.

The insurance shall cover the goods from the point of delivery set out in A4 and A5 to at least the named place of destination.

The seller must provide the buyer with the insurance policy or other evidence of insurance cover.

Moreover, the seller must provide the buyer, at the buyer' s request, risk, and expense (if any), with information that the buyer needs to procure any additional insurance.

A4 Delivery

The seller must deliver the goods by handing them over to the carrier contracted in accordance with A3 on the agreed date or within the agreed period.

A5 Transfer of risks

The seller bears all risks of loss of or damage to the goods until they have been delivered in accordance with A4, with the exception of loss or damage in the circumstances described in B5.

A6 Allocation of costs

The seller must pay

a) all costs relating to the goods until they have been delivered in accordance with A4, other than those payable by the buyer as envisaged in B6;

b) the freight and all other costs resulting from A3 a), including the costs of loading the goods and any charges for unloading at the place of destination that were for the seller' s account under the contract of carriage;

c) the costs of insurance resulting from A3 b); and

d) where applicable, the costs of customs formalities necessary for export, as well as all duties, taxes and other charges payable upon export, and the costs for their transport through any country that were for the seller' s account under the contract of carriage.

A7 Notices to the buyer

The seller must notify the buyer that the goods have been delivered in accordance with A4.

The seller must give the buyer any notice needed in order to allow the buyer to take measures that are normally necessary to enable the buyer to take the goods.

A8 Delivery document

If customary or at the buyer' s request, the seller must provide the buyer, at the seller' s expense, with the usual transport document[s] for the transport contracted in accordance with A3.

This transport document must cover the contract goods and be dated within the period agreed for shipment. If agreed or customary, the document must also enable the buyer to claim the goods from the carrier at the named place of destination and enable the buyer to sell the goods in transit by the transfer of the document to a subsequent buyer or by notification to the carrier.

When such a transport document is issued in negotiable form and in several originals, a full set of originals must be presented to the buyer.

A9 Checking—packaging—marking

The seller must pay the costs of those checking operations (such as checking quality, measuring, weighing, counting) that are necessary for the purpose of delivering the goods in accordance with A4 as well as the costs of any pre-shipment inspection mandated by the authority of the country of export.

The seller must, at its own expense, package the goods, unless it is usual for the particular trade to transport the type of goods sold unpackaged. The seller may package the goods in the manner appropriate for their transport, unless the buyer has notified the seller of specific packaging requirements before the contract of sale is concluded. Packaging is to be marked appropriately.

A10 Assistance with information and related costs

The seller must, where applicable, in a timely manner, provide to or render assistance in obtaining for the buyer, at the buyer' s request, risk and expense, any documents and information, including security-related information, that the buyer needs for the import of the goods and/or for their transport to the final destination.

The seller must reimburse the buyer for all costs and charges incurred by the buyer in providing or rendering assistance in obtaining documents and information as envisaged in B10.

B THE BUYER' OBLIGATIONS

B1 General obligations of the buyer

The buyer must pay the price of the goods as provided in the contract of sale.

Any document referred to in B1-B10 may be an equivalent electronic record or procedure if agreed between the parties or customary.

B2 Licences, authorizations, security clearances and other formalities

Where applicable, it is up to the buyer to obtain, at its own risk and expense, any import licence or other official authorization and carry out all customs formalities for the import of the goods and for their transport through any country.

B3 Contracts of carriage and insurance

a) Contract of carriage

The buyer has no obligation to the seller to make a contract of carriage.

b) Contract of insurance

The buyer has no obligation to the seller to make a contract of insurance. However, the buyer must provide the seller, upon request, with any information necessary for the seller to procure any additional insurance requested by the buyer as envisaged in A3 b).

B4 Taking delivery

The buyer must take delivery of the goods when they have been delivered as envisaged in A4 and receive them from the carrier at the named place of destination.

B5 Transfer of risks

The buyer bears all risks of loss of or damage to the goods from the time they have been delivered as envisaged in A4.

If the buyer fails to give notice in accordance with B7, it must bear all risks of loss of or damage to the goods from the agreed date or the expiry date of the agreed period for delivery, provided that the goods have been clearly identified as the contract goods.

B6 Allocation of costs

The buyer must, subject to the provisions of A3 a), pay

a) all costs relating to the goods from the time they have been delivered as envisaged in A4, except, where applicable, the costs of customs formalities necessary for export, as well as all duties, taxes and other charges payable upon export as referred to in A6 d);

b) all costs and charges relating to the goods while in transit until their arrival at the agreed place of destination, unless such costs and charges were for the seller' s account under the contract of carriage;

c) unloading costs, unless such costs were for the seller' s account under the contract of carriage;

d) any additional costs incurred if it fails to give notice in accordance with B7, from the agreed date or the expiry date of the agreed period for dispatch, provided that the goods have been clearly identified as the contract goods;

e) where applicable, all duties, taxes and other charges as well as the costs of carrying out customs formalities payable upon import of the goods and the costs for their transport through any country, unless included within the cost of the contract of carriage; and

f) the costs of any additional insurance procured at the buyer' s request under A3 and B3.

B7 Notices to the seller

The buyer must, whenever it is entitled to determine the time for dispatching the goods and/or the named place of destination or the point of receiving the goods within that place, give the seller sufficient notice thereof.

B8 Proof of delivery

The buyer must accept the transport document provided as envisaged in A8 if it is in conformity with the contract.

B9 Inspection of goods

The buyer must pay the costs of any mandatory pre-shipment inspection, except when such inspection is mandated by the authorities of the country of export.

B10 Assistance with information and related costs

The buyer must, in a timely manner, advise the seller of any security information requirements so that the seller may comply with A10.

The buyer must reimburse the seller for all costs and charges incurred by the seller in providing or rendering assistance in obtaining documents and information as envisaged in A10.

The buyer must, where applicable, in a timely manner, provide to or render assistance in obtaining for the seller, at the seller' s request, risk and expense, any documents and information, including security-related information, that the seller needs for the transport and export of the goods and for their transport through any country.

DAT
DELIVERED AT TERMINAL
DAT (insert named terminal at port or place of destination) Incoterms® 2010

GUIDANCE NOTE

This rule may be used irrespective of the mode of transport selected and may also be used where more than one mode of transport is employed.

"Delivered at Terminal" means that the seller delivers when the goods, once unloaded from the arriving means of transport, are placed at the disposal of the buyer at a named terminal at the named port or place of destination. "Terminal" includes any place, whether covered or not, such as a quay, warehouse, container yard or road, rail or air cargo terminal. The seller bears all risks involved in bringing the goods to and unloading them at the terminal at the named port or place of destination.

The parties are well advised to specify as clearly as possible the terminal and, if possible, a specific point within the terminal at the agreed port or place of destination, as the risks to that point are for the account of the seller. The seller is advised to procure a contract of carriage that matches this choice precisely.

Moreover, if the parties intend the seller to bear the risks and costs involved in transporting and handling the goods from the terminal to another place, then the DAP or DDP rules should be used.

DAT requires the seller to clear the goods for export, where applicable. However, the seller has no obligation to clear the goods for import, pay any import duty or carry out any import customs formalities.

A THE SELLER' OBLIGATIONS

A1 General obligations of the seller

The seller must provide the goods and the commercial invoice in conformity with the contract of sale and any other evidence of conformity that may be required by the contract.

Any document referred to in A1-A10 may be an equivalent electronic record or procedure if agreed between the parties or customary.

A2 Licences, authorizations, security clearances and other formalities

Where applicable, the seller must obtain, at its own risk and expense, any export licence and other official authorization and carry out all customs formalities necessary for the export of the goods and for their transport through any country prior to delivery.

A3 Contracts of carriage and insurance

a) Contract of carriage

The seller must contract at its own expense for the carriage of the goods to the named terminal at the agreed port or place of destination. If a specific terminal is not agreed or is not determined by practice, the seller may select the terminal at the agreed port or place of destination that best suits its purpose.

b) Contract of insurance

The seller has no obligation to the buyer to make a contract of insurance. However, the seller must provide the buyer, at the buyer' s request, risk, and expense (if any), with information that

the buyer needs for obtaining insurance.

A4 Delivery

The seller must unload the goods from the arriving means of transport and must then deliver them by placing them at the disposal of the buyer at the named terminal referred to in A3 a) at the port or place of destination on the agreed date or within the agreed period.

A5 Transfer of risks

The seller bears all risks of loss of or damage to the goods until they have been delivered in accordance with A4 with the exception of loss or damage in the circumstances described in B5.

A6 Allocation of costs

The seller must pay

a) in addition to costs resulting from A3 a), all costs relating to the goods until they have been delivered in accordance with A4, other than those payable by the buyer as envisaged in B6; and

b) where applicable, the costs of customs formalities necessary for export as well as all duties, taxes and other charges payable upon export and the costs for their transport through any country, prior to delivery in accordance with A4.

A7 Notices to the buyer

The seller must give the buyer any notice needed in order to allow the buyer to take measures that are normally necessary to enable the buyer to take delivery of the goods.

A8 Delivery document

The seller must provide the buyer, at the seller' s expense, with a document enabling the buyer to take delivery of the goods as envisaged in A4/B4.

A9 Checking–packaging–marking

The seller must pay the costs of those checking operations (such as checking quality, measuring, weighing, counting) that are necessary for the purpose of delivering the goods in accordance with A4, as well as the costs of any pre-shipment inspection mandated by the authority of the country of export.

The seller must, at its own expense, package the goods, unless it is usual for the particular trade to transport the type of goods sold unpackaged. The seller may package the goods in the manner appropriate for their transport, unless the buyer has notified the seller of specific packaging requirements before the contract of sale is concluded. Packaging is to be marked appropriately.

A10 Assistance with information and related costs

The seller must, where applicable, in a timely manner, provide to or render assistance in obtaining for the buyer, at the buyer' s request, risk and expense, any documents and information, including security-related information, that the buyer needs for the import of the goods and/or for their transport to the final destination.

The seller must reimburse the buyer for all costs and charges incurred by the buyer in providing or rendering assistance in obtaining documents and information as envisaged in B10.

B THE BUYER' OBLIGATIONS

B1 General obligations of the buyer

The buyer must pay the price of the goods as provided in the contract of sale.

Any document referred to in B1-B10 may be an equivalent electronic record or procedure if agreed between the parties or customary.

B2 Licences, authorizations, security clearances and other formalities

Where applicable, the buyer must obtain, at its own risk and expense, any import licence or other official authorization and carry out all customs formalities for the import of the goods.

B3 Contracts of carriage and insurance

a) Contract of carriage

The buyer has no obligation to the seller to make a contract of carriage.

b) Contract of insurance

The buyer has no obligation to the seller to make a contract of insurance. However, the buyer must provide the seller, upon request, with the necessary information for obtaining insurance.

B4 Taking delivery

The buyer must take delivery of the goods when they have been delivered as envisaged in A4.

B5 Transfer of risks

The buyer bears all risks of loss of or damage to the goods from the time they have been delivered as envisaged in A4.

If

a) the buyer fails to fulfil its obligations in accordance with B2, then it bears all resulting risks of loss of or damage to the goods; or

b) the buyer fails to give notice in accordance with B7, then it bears all risks of loss of or damage to the goods from the agreed date or the expiry date of the agreed period for delivery,

provided that the goods have been clearly identified as the contract goods.

B6 Allocation of costs

The buyer must pay

a) all costs relating to the goods from the time they have been delivered as envisaged in A4;

b) any additional costs incurred by the seller if the buyer fails to fulfil its obligations in accordance with B2, or to give notice in accordance with B7, provided that the goods have been clearly identified as the contract goods; and

c) where applicable, the costs of customs formalities as well as all duties, taxes and other charges payable upon import of the goods.

B7 Notices to the seller

The buyer must, whenever it is entitled to determine the time within an agreed period and/or the point of taking delivery at the named terminal, give the seller sufficient notice thereof.

B8 Proof of delivery

The buyer must accept the delivery document provided as envisaged in A8.

B9 Inspection of goods

The buyer must pay the costs of any mandatory pre-shipment inspection, except when such inspection is mandated by the authorities of the country of export.

B10 Assistance with information and related costs

The buyer must, in a timely manner, advise the seller of any security information requirements so that the seller may comply with A10.

The buyer must reimburse the seller for all costs and charges incurred by the seller in providing or rendering assistance in obtaining documents and information as envisaged in A10.

The buyer must, where applicable, in a timely manner, provide to or render assistance in obtaining for the seller, at the seller's request, risk and expense, any documents and information, including security-related information, that the seller needs for the transport and export of the goods and for their transport through any country.

DAP
DELIVERED AT PLACE
DAP (insert named place of destination) Incoterms® 2010

GUIDANCE NOTE

This rule may be used irrespective of the mode of transport selected and may also be used where more than one mode of transport is employed.

"Delivered at Place" means that the seller delivers when the goods are placed at the disposal of the buyer on the arriving means of transport ready for unloading at the named place of destination. The seller bears all risks involved in bringing the goods to the named place.

The parties are well advised to specify as clearly as possible the point within the agreed place of destination, as the risks to that point are for the account of the seller. The seller is advised to procure contracts of carriage that match this choice precisely. If the seller incurs costs under its contract of carriage related to unloading at the place of destination, the seller is not entitled to recover such costs from the buyer unless otherwise agreed between the parties.

DAP requires the seller to clear the goods for export, where applicable. However, the seller has no obligation to clear the goods for import, pay any import duty or carry out any import customs formalities. If the parties wish the seller to clear the goods for import, pay any import duty and carry out any import customs formalities, the DDP term should be used.

A THE SELLER' OBLIGATIONS

A1 General obligations of the seller

The seller must provide the goods and the commercial invoice in conformity with the contract of sale and any other evidence of conformity that may be required by the contract.

Any document referred to in A1-A10 may be an equivalent electronic record or procedure if agreed between the parties or customary.

A2 Licences, authorizations, security clearances and other formalities

Where applicable, the seller must obtain, at its own risk and expense, any export licence and other official authorization and carry out all customs formalities necessary for the export of the goods and for their transport through any country prior to delivery.

A3 Contracts of carriage and insurance

a) Contract of carriage

The seller must contract at its own expense for the carriage of the goods to the named place of destination or to the agreed point, if any, at the named place of destination. If a specific point is not agreed or is not determined by practice, the seller may select the point at the named place of destination that best suits its purpose.

b) Contract of insurance

The seller has no obligation to the buyer to make a contract of insurance. However, the seller must provide the buyer, at the buyer' s request, risk, and expense (if any), with information that the buyer needs for obtaining insurance.

A4 Delivery

The seller must deliver the goods by placing them at the disposal of the buyer on the arriving means of transport ready for unloading at the agreed point, if any, at the named place of destination on the agreed date or within the agreed period.

A5 Transfer of risks

The seller bears all risks of loss of or damage to the goods until they have been delivered in accordance with A4, with the exception of loss or damage in the circumstances described in B5.

A6 Allocation of costs

The seller must pay

a) in addition to costs resulting from A3 a), all costs relating to the goods until they have been delivered in accordance with A4, other than those payable by the buyer as envisaged in B6;

b) any charges for unloading at the place of destination that were for the seller' s account under the contract of carriage; and

c) where applicable, the costs of customs formalities necessary for export as well as all duties, taxes and other charges payable upon export and the costs for their transport through any country, prior to delivery in accordance with A4.

A7 Notices to the buyer

The seller must give the buyer any notice needed in order to allow the buyer to take measures that are normally necessary to enable the buyer to take delivery of the goods.

A8 Delivery document

The seller must provide the buyer, at the seller' s expense, with a document enabling the buyer to take delivery of the goods as envisaged in A4/B4.

A9 Checking—packaging—marking

The seller must pay the costs of those checking operations (such as checking quality, measuring, weighing, counting) that are necessary for the purpose of delivering the goods in accordance with A4, as well as the costs of any pre-shipment inspection mandated by the authority of the country of export.

The seller must, at its own expense, package the goods, unless it is usual for the particular trade to transport the type of goods sold unpackaged. The seller may package the goods in the manner appropriate for their transport, unless the buyer has notified the seller of specific packaging requirements before the contract of sale is concluded. Packaging is to be marked appropriately.

A10 Assistance with information and related costs

The seller must, where applicable, in a timely manner, provide to or render assistance in obtaining for the buyer, at the buyer' s request, risk and expense, any documents and information, including security-related information, that the buyer needs for the import of the goods and/or for their transport to the final destination.

The seller must reimburse the buyer for all costs and charges incurred by the buyer in providing or rendering assistance in obtaining documents and information as envisaged in B10.

B THE BUYER' OBLIGATIONS

B1 General obligations of the buyer

The buyer must pay the price of the goods as provided in the contract of sale.

Any document referred to in B1-B10 may be an equivalent electronic record or procedure if agreed between the parties or customary.

B2 Licences, authorizations, security clearances and other formalities

Where applicable, the buyer must obtain, at its own risk and expense, any import licence or other official authorization and carry out all customs formalities for the import of the goods.

B3 Contracts of carriage and insurance

a) Contract of carriage

The buyer has no obligation to the seller to make a contract of carriage.

b) Contract of insurance

The buyer has no obligation to the seller to make a contract of insurance. However, the buyer must provide the seller, upon request, with the necessary information for obtaining insurance.

B4 Taking delivery

The buyer must take delivery of the goods when they have been delivered as envisaged in A4.

B5 Transfer of risks

The buyer bears all risks of loss of or damage to the goods from the time they have been delivered as envisaged in A4.

If

a) the buyer fails to fulfil its obligations in accordance with B2, then it bears all resulting risks of loss of or damage to the goods; or

b) the buyer fails to give notice in accordance with B7, then it bears all risks of loss of or damage to the goods from the agreed date or the expiry date of the agreed period for delivery,

provided that the goods have been clearly identified as the contract goods.

B6 Allocation of costs

The buyer must pay

a) all costs relating to the goods from the time they have been delivered as envisaged in A4;

b) all costs of unloading necessary to take delivery of the goods from the arriving means of transport at the named place of destination, unless such costs were for the seller' s account under the contract of carriage;

c) any additional costs incurred by the seller if the buyer fails to fulfil its obligations in accordance with B2 or to give notice in accordance with B7, provided that the goods have been clearly identified as the contract goods; and

d) where applicable, the costs of customs formalities, as well as all duties, taxes and other charges payable upon import of the goods.

B7 Notices to the seller

The buyer must, whenever it is entitled to determine the time within an agreed period and/or the point of taking delivery within the named place of destination, give the seller sufficient notice thereof.

B8 Proof of delivery

The buyer must accept the delivery document provided as envisaged in A8.

B9 Inspection of goods

The buyer must pay the costs of any mandatory pre-shipment inspection, except when such inspection is mandated by the authorities of the country of export.

B10 Assistance with information and related costs

The buyer must, in a timely manner, advise the seller of any security information requirements so that the seller may comply with A10.

The buyer must reimburse the seller for all costs and charges incurred by the seller in providing or rendering assistance in obtaining documents and information as envisaged in A10.

The buyer must, where applicable, in a timely manner, provide to or render assistance in obtaining for the seller, at the seller' s request, risk and expense, any documents and information, including security-related information, that the seller needs for the transport and export of the goods and for their transport through any country.

DDP
DELIVERED DUTY PAID
DDP (insert named place of destination) Incoterms® 2010

GUIDANCE NOTE

This rule may be used irrespective of the mode of transport selected and may also be used where more than one mode of transport is employed.

"Delivered Duty Paid" means that the seller delivers the goods when the goods are placed at the disposal of the buyer, cleared for import on the arriving means of transport ready for unloading at the named place of destination. The seller bears all the costs and risks involved in bringing the goods to the place of destination and has an obligation to clear the goods not only for export but also for import, to pay any duty for both export and import and to carry out all customs formalities.

DDP represents the maximum obligation for the seller.

The parties are well advised to specify as clearly as possible the point within the agreed place of destination, as the costs and risks to that point are for the account of the seller. The seller is advised to procure contracts of carriage that match this choice precisely. If the seller incurs costs under its contract of carriage related to unloading at the place of destination, the seller is not entitled to recover such costs from the buyer unless otherwise agreed between the parties.

The parties are well advised not to use DDP if the seller is unable directly or indirectly to obtain import clearance.

If the parties wish the buyer to bear all risks and costs of import clearance, the DAP rule should be used.

Any VAT or other taxes payable upon import are for the seller' s account unless expressly agreed otherwise in the sales contract.

A THE SELLER' OBLIGATIONS

A1 General obligations of the seller

The seller must provide the goods and the commercial invoice in conformity with the contract of sale and any other evidence of conformity that may be required by the contract.

Any document referred to in A1-A10 may be an equivalent electronic record or procedure if agreed between the parties or customary.

A2 Licences, authorizations, security clearances and other formalities

Where applicable, the seller must obtain, at its own risk and expense, any export and import licence and other official authorization and carry out all customs formalities necessary for the export of the goods, for their transport through any country and for their import.

A3 Contracts of carriage and insurance

a) Contract of carriage

The seller must contract at its own expense for the carriage of the goods to the named place of destination or to the agreed point, if any, at the named place of destination. If a specific pointthe plaagreed orthe pladetermined by practice, the seller may select the pointtat the named place of destination that best suits its purpose.

b) Contract of insurance

The seller has no obligation to the buyer to make a contract of insurance. However, the seller must provide the buyer, at the buyer' s request, risk, and expense (if any), with information that the buyer needs for obtaining insurance.

A4 Delivery

The seller must deliver the goods by placing them at the disposal of the buyer on the arriving means of transport ready for unloading at the agreed point, if any, at the named place of destination on the agreed date or within the agreed period.

A5 Transfer of risks

The seller bears all risks of loss of or damage to the goods until they have been delivered in accordance with A4, with the exception of loss or damage in the circumstances described in B5.

A6 Allocation of costs

The seller must pay

a) in addition to costs resulting from A3 a), all costs relating to the goods until they have been delivered in accordance with A4, other than those payable by the buyer as envisaged in B6;

b) any charges for unloading at the place of destination that were for the seller' s account under the contract of carriage; and

c) where applicable, the costs of customs formalities necessary for export and import as well as all duties, taxes and other charges payable upon export and import of the goods, and the costs for their transport through any country prior to delivery in accordance with A4.

A7 Notices to the buyer

The seller must give the buyer any notice needed in order to allow the buyer to take measures that are normally necessary to enable the buyer to take delivery of the goods.

A8 Delivery document

The seller must provide the buyer, at the seller' s expense, with a document enabling the buyer to take delivery of the goods as envisaged in A4/B4.

A9 Checking－packaging－marking

The seller must pay the costs of those checking operations (such as checking quality, measuring, weighing, counting) that are necessary for the purpose of delivering the goods in accordance with A4, as well as the costs of any pre-shipment inspection mandated by the authority of the country of export or of import.

The seller must, at its own expense, package the goods, unless it is usual for the particular trade to transport the type of goods sold unpackaged. The seller may package the goods in the manner appropriate for their transport, unless the buyer has notified the seller of specific packaging requirements before the contract of sale is concluded. Packaging is to be marked appropriately.

A10 Assistance with information and related costs

The seller must, where applicable, in a timely manner, provide to or render assistance in obtaining for the buyer, at the buyer' s request, risk and expense, any documents and information, including security-related information, that the buyer needs for the import of the goods and/or for their transport to the final destination.

The seller must reimburse the buyer for all costs and charges incurred by the buyer in providing or rendering assistance in obtaining documents and information as envisaged in B10.

B THE BUYER' OBLIGATIONS

B1 General obligations of the buyer

The buyer must pay the price of the goods as provided in the contract of sale.

Any document referred to in B1-B10 may be an equivalent electronic record or procedure if agreed between the parties or customary.

B2 Licences, authorizations, security clearances and other formalities

Where applicable, the buyer must provide assistance to the seller, at the seller' s request, risk and expense, in obtaining any import licence or other official authorization for the import of the goods.

B3 Contracts of carriage and insurance

a) Contract of carriage

The buyer has no obligation to the seller to make a contract of carriage.

b) Contract of insurance

The buyer has no obligation to the seller to make a contract of insurance. However, the buyer must provide the seller, upon request, with the necessary information for obtaining insurance.

B4 Taking delivery

The buyer must take delivery of the goods when they have been delivered as envisaged in A4.

B5 Transfer of risks

The buyer bears all risks of loss of or damage to the goods from the time they have been delivered as envisaged in A4.

If

a) the buyer fails to fulfil its obligations in accordance with B2, then it bears all resulting risks of loss of or damage to the goods; or

b) the buyer fails to give notice in accordance with B7, then it bears all risks of loss of or damage to the goods from the agreed date or the expiry date of the agreed period for delivery,

provided that the goods have been clearly identified as the contract goods.

B6 Allocation of costs

The buyer must pay

a) all costs relating to the goods from the time they have been delivered as envisaged in A4;

b) all costs of unloading necessary to take delivery of the goods from the arriving means of transport at the named place of destination, unless such costs were for the seller' s account under the contract of carriage; and

c) any additional costs incurred if it fails to fulfil its obligations in accordance with B2 or to give notice in accordance with B7,

provided that the goods have been clearly identified as the contract goods.

B7 Notices to the seller

The buyer must, whenever it is entitled to determine the time within an agreed period and/or the point of taking delivery within the named place of destination, give the seller sufficient notice thereof.

B8 Proof of delivery

The buyer must accept the proof of delivery provided as envisaged in A8.

B9 Inspection of goods

The buyer has no obligation to the seller to pay the costs of any mandatory pre-shipment inspection mandated by the authority of the country of export or of import.

B10 Assistance with information and related costs

The buyer must, in a timely manner, advise the seller of any security information requirements so that the seller may comply with A10.

The buyer must reimburse the seller for all costs and charges incurred by the seller in providing or rendering assistance in obtaining documents and information as envisaged in A10.

The buyer must, where applicable, in a timely manner, provide to or render assistance in obtaining for the seller, at the seller' s request, risk and expense, any documents and information, including security-related information, that the seller needs for the transport, export and import of the goods and for their transport through any country.

RULES FOR SEA AND IINLAND WATERWAY TRANSPORT

FREE ALONGSIDE SHIP
FAS (insert named port of shipment) Incoterms® 2010

GUIDANCE NOTE

This rule is to be used only for sea or inland waterway transport.

"Free Alongside Ship" means that the seller delivers when the goods are placed alongside the vessel (e.g., on a quay or a barge) nominated by the buyer at the named port of shipment. The risk of loss of or damage to the goods passes when the goods are alongside the ship, and the buyer bears all costs from that moment onwards.

The parties are well advised to specify as clearly as possible the loading point at the named port of shipment, as the costs and risks to that point are for the account of the seller and these costs and associated handling charges may vary according to the practice of the port.

The seller is required either to deliver the goods alongside the ship or to procure goods already so delivered for shipment. The reference to "procure" here caters for multiple sales down a chain ('string sales'), particularly common in the commodity trades.

Where the goods are in containers, it is typical for the seller to hand the goods over to the carrier at a terminal and not alongside the vessel. In such situations, the FAS rule would be inappropriate, and the FCA rule should be used.

FAS requires the seller to clear the goods for export, where applicable. However, the seller has no obligation to clear the goods for import, pay any import duty or carry out any import customs formalities.

A THE SELLER' OBLIGATIONS

A1 General obligations of the seller

The seller must provide the goods and the commercial invoice in conformity with the contract of sale and any other evidence of conformity that may be required by the contract.

Any document referred to in A1-A10 may be an equivalent electronic record or procedure if agreed between the parties or customary.

A2 Licences, authorizations, security clearances and other formalities

Where applicable, the seller must obtain, at its own risk and expense, any export licence or other official authorization and carry out all customs formalities necessary for the export of the goods.

A3 Contracts of carriage and insurance

a) Contract of carriage

The seller has no obligation to the buyer to make a contract of carriage. However, if requested by the buyer or if it is commercial practice and the buyer does not give an instruction to the contrary in due time, the seller may contract for carriage on usual terms at the buyer' s risk and expense. In either case, the seller may decline to make the contract of carriage and, if it does, shall promptly notify the buyer.

b) Contract of insurance

The seller has no obligation to the buyer to make a contract of insurance. However, the seller must provide the buyer, at the buyer' s request, risk, and expense (if any), with information that the buyer needs for obtaining insurance.

A4 Delivery

The seller must deliver the goods either by placing them alongside the ship nominated by the buyer at the loading point, if any, indicated by the buyer at the named port of shipment or by procuring the goods so delivered. In either case, the seller must deliver the goods on the agreed date or within the agreed period and in the manner customary at the port.

If no specific loading point has been indicated by the buyer, the seller may select the point within the named port of shipment that best suits its purpose. If the parties have agreed that delivery should take place within a period, the buyer has the option to choose the date within that period.

A5 Transfer of risks

The seller bears all risks of loss of or damage to the goods until they have been delivered in accordance with A4 with the exception of loss or damage in the circumstances described in B5.

A6 Allocation of costs

The seller must pay

a) all costs relating to the goods until they have been delivered in accordance with A4, other than those payable by the buyer as envisaged in B6; and

b) where applicable, the costs of customs formalities necessary for export as well as all duties, taxes and other charges payable upon export.

A7 Notices to the buyer

The seller must, at the buyer' s risk and expense, give the buyer sufficient notice either that the goods have been delivered in accordance with A4 or that the vessel has failed to take the goods within the time agreed.

A8 Delivery document

The seller must provide the buyer, at the seller' s expense, with the usual proof that the goods have been delivered in accordance with A4.

Unless such proof is a transport document, the seller must provide assistance to the buyer, at the buyer' s request, risk and expense, in obtaining a transport document.

A9 Checking−packaging−marking

The seller must pay the costs of those checking operations (such as checking quality, measuring, weighing, counting) that are necessary for the purpose of delivering the goods in accordance with A4, as well as the costs of any pre-shipment inspection mandated by the authority of the country of export.

The seller must, at its own expense, package the goods, unless it is usual for the particular trade to transport the type of goods sold unpackaged. The seller may package the goods in the manner appropriate for their transport, unless the buyer has notified the seller of specific packaging requirements before the contract of sale is concluded. Packaging is to be marked appropriately.

A10 Assistance with information and related costs

The seller must, where applicable, in a timely manner, provide to or render assistance in obtaining for the buyer, at the buyer' s request, risk and expense, any documents and information, including security-related information, that the buyer needs for the import of the goods and/or for their transport to the final destination.

The seller must reimburse the buyer for all costs and charges incurred by the buyer in providing or rendering assistance in obtaining documents and information as envisaged in B10.

B THE BUYER' OBLIGATIONS

B1 General obligations of the buyer

The buyer must pay the price of the goods as provided in the contract of sale.

Any document referred to in B1-B10 may be an equivalent electronic record or procedure if agreed between the parties or customary.

B2 Licences, authorizations, security clearances and other formalities

Where applicable, it is up to the buyer to obtain, at its own risk and expense, any import licence or other official authorization and carry out all customs formalities for the import of the goods and for their transport through any country.

B3 Contracts of carriage and insurance

a) Contract of carriage

The buyer must contract, at its own expense for the carriage of the goods from the named port of shipment, except where the contract of carriage is made by the seller as provided for in A3 a).

b) Contract of insurance

The buyer has no obligation to the seller to make a contract of insurance.

B4 Taking delivery

The buyer must take delivery of the goods when they have been delivered as envisaged in A4.

B5 Transfer of risks

The buyer bears all risks of loss of or damage to the goods from the time they have been delivered as envisaged in A4.

If

a) the buyer fails to give notice in accordance with B7; or

b) the vessel nominated by the buyer fails to arrive on time, or fails to take the goods or closes for cargo earlier than the time notified in accordance with B7;

then the buyer bears all risks of loss of or damage to the goods from the agreed date or the expiry date of the agreed period for delivery, provided that the goods have been clearly identified as the contract goods.

B6 Allocation of costs

The buyer must pay

a) all costs relating to the goods from the time they have been delivered as envisaged in A4, except, where applicable, the costs of customs formalities necessary for export as well as all duties, taxes, and other charges payable upon export as referred to in A6 b);

b) any additional costs incurred, either because:
(i) the buyer has failed to give appropriate notice in accordance with B7, or
(ii) the vessel nominated by the buyer fails to arrive on time, is unable to take the goods, or closes for cargo earlier than the time notified in accordance with B7,

provided that the goods have been clearly identified as the contract goods; and

c) where applicable, all duties, taxes and other charges, as well as the costs of carrying out customs formalities payable upon import of the goods and the costs for their transport through any country.

B7 Notices to the seller

The buyer must give the seller sufficient notice of the vessel name, loading point and, where necessary, the selected delivery time within the agreed period.

B8 Proof of delivery

The buyer must accept the proof of delivery provided as envisaged in A8.

B9 Inspection of goods

The buyer must pay the costs of any mandatory pre-shipment inspection, except when such inspection is mandated by the authorities of the country of export.

B10 Assistance with information and related costs

The buyer must, in a timely manner, advise the seller of any security information requirements so that the seller may comply with A10.

The buyer must reimburse the seller for all costs and charges incurred by the seller in providing or rendering assistance in obtaining documents and information as envisaged in A10.

The buyer must, where applicable, in a timely manner, provide to or render assistance in obtaining for the seller, at the seller' s request, risk and expense, any documents and information, including security-related information, that the seller needs for the transport and export of the goods and for their transport through any country.

FOB
FREE ON BOARD
FOB (insert named port of shipment) Incoterms® 2010

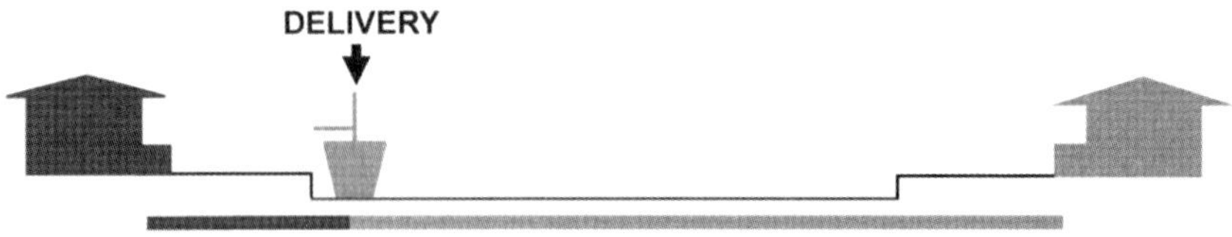

GUIDANCE NOTE

This rule is to be used only for sea or inland waterway transport.

"Free on Board" means that the seller delivers the goods on board the vessel nominated by the buyer at the named port of shipment or procures the goods already so delivered. The risk of loss of or damage to the goods passes when the goods are on board the vessel, and the buyer bears all costs from that moment onwards.

The seller is required either to deliver the goods on board the vessel or to procure goods already so delivered for shipment. The reference to "procure" here caters for multiple sales down a chain ('string sales'), particularly common in the commodity trades.

FOB may not be appropriate where goods are handed over to the carrier before they are on board the vessel, for example goods in containers, which are typically delivered at a terminal. In such situations, the FCA rule should be used.

FOB requires the seller to clear the goods for export, where applicable. However, the seller has no obligation to clear the goods for import, pay any import duty or carry out any import customs formalities.

A THE SELLER' OBLIGATIONS

A1 General obligations of the seller

The seller must provide the goods and the commercial invoice in conformity with the contract of sale and any other evidence of conformity that may be required by the contract.

Any document referred to in A1-A10 may be an equivalent electronic record or procedure if agreed between the parties or customary.

A2 Licences, authorizations, security clearances and other formalities

Where applicable, the seller must obtain, at its own risk and expense, any export licence or other official authorization and carry out all customs formalities necessary for the export of the goods.

A3 Contracts of carriage and insurance

a) Contract of carriage

The seller has no obligation to the buyer to make a contract of carriage. However, if requested by the buyer or if it is commercial practice and the buyer does not give an instruction to the contrary in due time, the seller may contract for carriage on usual terms at the buyer' s risk and expense. In either case, the seller may decline to make the contract of carriage and, if it does, shall promptly notify the buyer.

b) Contract of insurance

The seller has no obligation to the buyer to make a contract of insurance. However, the seller must provide the buyer, at the buyer' s request, risk, and expense (if any), with information that the buyer needs for obtaining insurance.

A4 Delivery

The seller must deliver the goods either by placing them on board the vessel nominated by the buyer at the loading point, if any, indicated by the buyer at the named port of shipment or by procuring the goods so delivered. In either case, the seller must deliver the goods on the agreed date or within the agreed period and in the manner customary at the port.

If no specific loading point has been indicated by the buyer, the seller may select the point within the named port of shipment that best suits its purpose.

A5 Transfer of risks

The seller bears all risks of loss of or damage to the goods until they have been delivered in accordance with A4 with the exception of loss or damage in the circumstances described in B5.

A6 Allocation of costs

The seller must pay

a) all costs relating to the goods until they have been delivered in accordance with A4, other than those payable by the buyer as envisaged in B6; and

b) where applicable, the costs of customs formalities necessary for export, as well as all duties, taxes and other charges payable upon export.

A7 Notices to the buyer

The seller must, at the buyer' s risk and expense, give the buyer sufficient notice either that the goods have been delivered in accordance with A4 or that the vessel has failed to take the goods within the time agreed.

A8 Delivery document

The seller must provide the buyer, at the seller' s expense, with the usual proof that the goods have been delivered in accordance with A4.

Unless such proof is a transport document, the seller must provide assistance to the buyer, at the buyer' s request, risk and expense, in obtaining a transport document.

A9 Checking–packaging–marking

The seller must pay the costs of those checking operations (such as checking quality, measuring, weighing, counting) that are necessary for the purpose of delivering the goods in accordance with A4, as well as the costs of any pre-shipment inspection mandated by the authority of the country of export.

The seller must, at its own expense, package the goods, unless it is usual for the particular trade to transport the type of goods sold unpackaged. The seller may package the goods in the manner appropriate for their transport, unless the buyer has notified the seller of specific packaging requirements before the contract of sale is concluded. Packaging is to be marked appropriately.

A10 Assistance with information and related costs

The seller must, where applicable, in a timely manner, provide to or render assistance in obtaining for the buyer, at the buyer' s request, risk and expense, any documents and information, including security-related information, that the buyer needs for the import of the goods and/or for their transport to the final destination.

The seller must reimburse the buyer for all costs and charges incurred by the buyer in providing or rendering assistance in obtaining documents and information as envisaged in B10.

B THE BUYER' OBLIGATIONS

B1 General obligations of the buyer

The buyer must pay the price of the goods as provided in the contract of sale.

Any document referred to in B1-B10 may be an equivalent electronic record or procedure if agreed between the parties or customary.

B2 Licences, authorizations, security clearances and other formalities

Where applicable, it is up to the buyer to obtain, at its own risk and expense, any import licence or other official authorization and carry out all customs formalities for the import of the goods and for their transport through any country.

B3 Contracts of carriage and insurance

a) Contract of carriage

The buyer must contract, at its own expense for the carriage of the goods from the named port of shipment, except where the contract of carriage is made by the seller as provided for in A3 a).

b) Contract of insurance

The buyer has no obligation to the seller to make a contract of insurance.

B4 Taking delivery

The buyer must take delivery of the goods when they have been delivered as envisaged in A4.

B5 Transfer of risks

The buyer bears all risks of loss of or damage to the goods from the time they have been delivered as envisaged in A4.

If

a) the buyer fails to notify the nomination of a vessel in accordance with B7; or

b) the vessel nominated by the buyer fails to arrive on time to enable the seller to comply with A4, is unable to take the goods, or closes for cargo earlier than the time notified in accordance with B7;then, the buyer bears all risks of loss of or damage to the goods:
   (i) from the agreed date, or in the absence of an agreed date,
   (ii) from the date notified by the seller under A7 within the agreed period, or, if no such date has been notified,
   (iii) from the expiry date of any agreed period for delivery,

provided that the goods have been clearly identified as the contract goods.

B6 Allocation of costs

The buyer must pay

a) all costs relating to the goods from the time they have been delivered as envisaged in A4, except, where applicable, the costs of customs formalities necessary for export, as well as all duties, taxes and other charges payable upon export as referred to in A6 b);

b) any additional costs incurred, either because:
   (i) the buyer has failed to give appropriate notice in accordance with B7, or
   (ii) the vessel nominated by the buyer fails to arrive on time, is unable to take the goods, or closes for cargo earlier than the time notified in accordance with B7,

provided that the goods have been clearly identified as the contract goods; and

c) where applicable, all duties, taxes and other charges, as well as the costs of carrying out customs formalities payable upon import of the goods and the costs for their transport through any country.

B7 Notices to the seller

The buyer must give the seller sufficient notice of the vessel name, loading point and, where necessary, the selected delivery time within the agreed period.

B8 Proof of delivery

The buyer must accept the proof of delivery provided as envisaged in A8.

B9 Inspection of goods

The buyer must pay the costs of any mandatory pre-shipment inspection, except when such inspection is mandated by the authorities of the country of export.

B10 Assistance with information and related costs

The buyer must, in a timely manner, advise the seller of any security information requirements so that the seller may comply with A10.

The buyer must reimburse the seller for all costs and charges incurred by the seller in providing or rendering assistance in obtaining documents and information as envisaged in A10.

The buyer must, where applicable, in a timely manner, provide to or render assistance in obtaining for the seller, at the seller' s request, risk and expense, any documents and information, including security-related information, that the seller needs for the transport and export of the goods and for their transport through any country.

CFR
COST AND FREIGHT
CFR (insert named port of destination) Incoterms® 2010

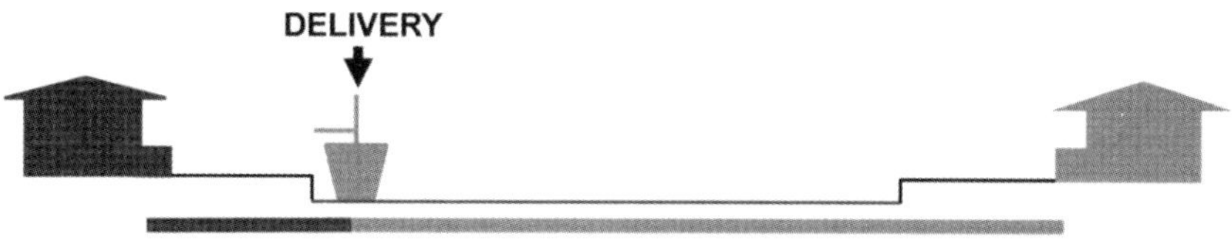

GUIDANCE NOTE

This rule is to be used only for sea or inland waterway transport.

"Cost and Freight" means that the seller delivers the goods on board the vessel or procures the goods already so delivered. The risk of loss of or damage to the goods passes when the goods are on board the vessel. The seller must contract for and pay the costs and freight necessary to bring the goods to the named port of destination.

When CPT, CIP, CFR or CIF are used, the seller fulfils its obligation to deliver when it hands the goods over to the carrier in the manner specified in the chosen rule and not when the goods reach the place of destination.

This rule has two critical points, because risk passes and costs are transferred at different places. While the contract will always specify a destination port, it might not specify the port of shipment, which is where risk passes to the buyer. If the shipment port is of particular interest to the buyer, the parties are well advised to identify it as precisely as possible in the contract.

The parties are well advised to identify as precisely as possible the point at the agreed port of destination, as the costs to that point are for the account of the seller. The seller is advised to procure contracts of carriage that match this choice precisely. If the seller incurs costs under its contract of carriage related to unloading at the specified point at the port of destination, the seller is not entitled to recover such costs from the buyer unless otherwise agreed between the parties.

The seller is required either to deliver the goods on board the vessel or to procure goods already so delivered for shipment to the destination. In addition, the seller is required either to make a contract of carriage or to procure such a contract. The reference to "procure" here caters for multiple sales down a chain ('string sales'), particularly common in the commodity trades.

CFR may not be appropriate where goods are handed over to the carrier before they are on board the vessel, for example goods in containers, which are typically delivered at a terminal. In such circumstances, the CPT rule should be used.

CFR requires the seller to clear the goods for export, where applicable. However, the seller has no obligation to clear the goods for import, pay any import duty or carry out any import customs formalities.

A THE SELLER' OBLIGATIONS

A1 General obligations of the seller

The seller must provide the goods and the commercial invoice in conformity with the contract of sale and any other evidence of conformity that may be required by the contract.

Any document referred to in A1-A10 may be an equivalent electronic record or procedure if agreed between the parties or customary.

A2 Licences, authorizations, security clearances and other formalities

Where applicable, the seller must obtain, at its own risk and expense, any export licence or other official authorization and carry out all customs formalities necessary for the export of the goods.

A3 Contracts of carriage and insurance

a) Contract of carriage

The seller must contract or procure a contract for the carriage of the goods from the agreed point of delivery, if any, at the place of delivery to the named port of destination or, if agreed, any point at that port. The contract of carriage must be made on usual terms at the seller' s expense and provide for carriage by the usual route in a vessel of the type normally used for the transport of the type of goods sold.

b) Contract of insurance

The seller has no obligation to the buyer to make a contract of insurance. However, the seller must provide the buyer, at the buyer' s request, risk, and expense (if any), with information that the buyer needs for obtaining insurance.

A4 Delivery

The seller must deliver the goods either by placing them on board the vessel or by procuring the goods so delivered. In either case, the seller must deliver the goods on the agreed date or

within the agreed period and in the manner customary at the port.

A5 Transfer of risks

The seller bears all risks of loss of or damage to the goods until they have been delivered in accordance with A4, with the exception of loss or damage in the circumstances described in B5.

A6 Allocation of costs

The seller must pay

a) all costs relating to the goods until they have been delivered in accordance with A4, other than those payable by the buyer as envisaged in B6;

b) the freight and all other costs resulting from A3 a), including the costs of loading the goods on board and any charges for unloading at the agreed port of discharge that were for the seller' s account under the contract of carriage; and

c) where applicable, the costs of customs formalities necessary for export as well as all duties, taxes and other charges payable upon export, and the costs for their transport through any country that were for the seller' s account under the contract of carriage.

A7 Notices to the buyer

The seller must give the buyer any notice needed in order to allow the buyer to take measures that are normally necessary to enable the buyer to take the goods.

A8 Delivery document

The seller must, at its own expense, provide the buyer without delay with the usual transport document for the agreed port of destination.

This transport document must cover the contract goods, be dated within the period agreed for shipment, enable the buyer to claim the goods from the carrier at the port of destination and, unless otherwise agreed, enable the buyer to sell the goods in transit by the transfer of the document to a subsequent buyer or by notification to the carrier.

When such a transport document is issued in negotiable form and in several originals, a full set of originals must be presented to the buyer.

A9 Checking–packaging–marking

The seller must pay the costs of those checking operations (such as checking quality, measuring, weighing, counting) that are necessary for the purpose of delivering the goods in accordance with A4, as well as the costs of any pre-shipment inspection mandated by the authority of the country of export.

The seller must, at its own expense, package the goods, unless it is usual for the particular trade to transport the type of goods sold unpackaged. The seller may package the goods in the manner appropriate for their transport, unless the buyer has notified the seller of specific packaging requirements before the contract of sale is concluded. Packaging is to be marked appropriately.

A10 Assistance with information and related costs

The seller must, where applicable, in a timely manner, provide to or render assistance in obtaining for the buyer, at the buyer' s request, risk and expense, any documents and information, including security-related information, that the buyer needs for the import of the goods and/or for their transport to the final destination.

The seller must reimburse the buyer for all costs and charges incurred by the buyer in providing or rendering assistance in obtaining documents and information as envisaged in B10.

B THE BUYER' OBLIGATIONS

B1 General obligations of the buyer

The buyer must pay the price of the goods as provided in the contract of sale.

Any document referred to in B1-B10 may be an equivalent electronic record or procedure if agreed between the parties or customary.

B2 Licences, authorizations, security clearances and other formalities

Where applicable, it is up to the buyer to obtain, at its own risk and expense, any import licence or other official authorization and carry out all customs formalities for the import of the goods and for their transport through any country.

B3 Contracts of carriage and insurance

a) Contract of carriage

The buyer has no obligation to the seller to make a contract of carriage.

b) Contract of insurance

The buyer has no obligation to the seller to make a contract of insurance. However, the buyer must provide the seller, upon request, with the necessary information for obtaining insurance.

B4 Taking delivery

The buyer must take delivery of the goods when they have been delivered as envisaged in A4 and receive them from the carrier at the named port of destination.

B5 Transfer of risks

The buyer bears all risks of loss of or damage to the goods from the time they have been delivered as envisaged in A4.

If the buyer fails to give notice in accordance with B7, then it bears all risks of loss of or damage to the goods from the agreed date or the expiry date of the agreed period for shipment, provided that the goods have been clearly identified as the contract goods.

B6 Allocation of costs

The buyer must, subject to the provisions of A3 a), pay

a) all costs relating to the goods from the time they have been delivered as envisaged in A4, except, where applicable, the costs of customs formalities necessary for export as well as all duties, taxes, and other charges payable upon export as referred to in A6 c);

b) all costs and charges relating to the goods while in transit until their arrival at the port of destination, unless such costs and charges were for the seller' s account under the contract of carriage;

c) unloading costs including lighterage and wharfage charges, unless such costs and charges were for the seller' s account under the contract of carriage;

d) any additional costs incurred if it fails to give notice in accordance with B7, from the agreed date or the expiry date of the agreed period for shipment, provided that the goods have been clearly identified as the contract goods; and

e) where applicable, all duties, taxes and other charges, as well as the costs of carrying out customs formalities payable upon import of the goods and the costs for their transport through any country unless included within the cost of the contract of carriage.

B7 Notices to the seller

The buyer must, whenever it is entitled to determine the time for shipping the goods and/or the point of receiving the goods within the named port of destination, give the seller sufficient notice thereof.

B8 Proof of delivery

The buyer must accept the transport document provided as envisaged in A8 if it is in conformity with the contract.

B9 Inspection of goods

The buyer must pay the costs of any mandatory pre-shipment inspection, except when such inspection is mandated by the authorities of the country of export.

B10 Assistance with information and related costs

The buyer must, in a timely manner, advise the seller of any security information requirements so that the seller may comply with A10.

The buyer must reimburse the seller for all costs and charges incurred by the seller in providing or rendering assistance in obtaining documents and information as envisaged in A10.

The buyer must, where applicable, in a timely manner, provide to or render assistance in obtaining for the seller, at the seller' s request, risk and expense, any documents and information, including security-related information, that the seller needs for the transport and export of the goods and for their transport through any country.

CIF
COST INSURANCE AND FREIGHT
CIF (insert named port of destination) Incoterms® 2010

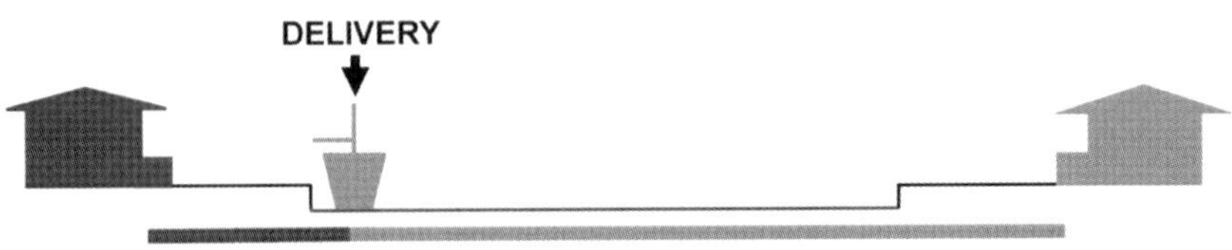

GUIDANCE NOTE

This rule is to be used only for sea or inland waterway transport.

"Cost, Insurance and Freight" means that the seller delivers the goods on board the vessel or procures the goods already so delivered. The risk of loss of or damage to the goods passes when the goods are on board the vessel. The seller must contract for and pay the costs and freight necessary to bring the goods to the named port of destination.

The seller also contracts for insurance cover against the buyer' s risk of loss of or damage to the goods during the carriage. The buyer should note that under CIF the seller is required to obtain insurance only on minimum cover. Should the buyer wish to have more insurance protection, it will need either to agree as much expressly with the seller or to make its own extra insurance arrangements.

When CPT, CIP, CFR, or CIF are used, the seller fulfils its obligation to deliver when it hands the goods over to the carrier in the manner specified in the chosen rule and not when the goods reach the place of destination.

This rule has two critical points, because risk passes and costs are transferred at different places. While the contract will always specify a destination port, it might not specify the port of shipment, which is where risk passes to the buyer. If the shipment port is of particular interest to the buyer, the parties are well advised to identify it as precisely as possible in the contract.

The parties are well advised to identify as precisely as possible the point at the agreed port of destination, as the costs to that point are for the account of the seller. The seller is advised to procure contracts of carriage that match this choice precisely. If the seller incurs costs under its contract of carriage related to unloading at the specified point at the port of destination, the seller is not entitled to recover such costs from the buyer unless otherwise agreed between the parties.

The seller is required either to deliver the goods on board the vessel or to procure goods already so delivered for shipment to the destination. In addition the seller is required either to make a contract of carriage or to procure such a contract. The reference to "procure" here caters for multiple sales down a chain ('string sales'), particularly common in the commodity trades.

CIF may not be appropriate where goods are handed over to the carrier before they are on board the vessel, for example goods in containers, which are typically delivered at a terminal. In such circumstances, the CIP rule should be used.

CIF requires the seller to clear the goods for export, where applicable. However, the seller has no obligation to clear the goods for import, pay any import duty or carry out any import customs formalities.

A THE SELLER' OBLIGATIONS

A1 General obligations of the seller

The seller must provide the goods and the commercial invoice in conformity with the contract of sale and any other evidence of conformity that may be required by the contract.

Any document referred to in A1-A10 may be an equivalent electronic record or procedure if agreed between the parties or customary.

A2 Licences, authorizations, security clearances and other formalities

Where applicable, the seller must obtain, at its own risk and expense, any export licence or other official authorization and carry out all customs formalities necessary for the export of the goods.

A3 Contracts of carriage and insurance

a) Contract of carriage

The seller must contract or procure a contract for the carriage of the goods from the agreed point of delivery, if any, at the place of delivery to the named port of destination or, if agreed, any point at that port. The contract of carriage must be made on usual terms at the seller' s expense and provide for carriage by the usual route in a vessel of the type normally used for the transport of the type of goods sold.

b) Contract of insurance

The seller must obtain, at its own expense, cargo insurance complying at least with the minimum cover provided by Clauses (C) of the Institute Cargo Clauses (LMA/IUA) or any similar clauses. The insurance shall be contracted with underwriters or an insurance company of good repute and entitle the buyer, or any other person having an insurable interest in the goods, to claim directly from the insurer.

When required by the buyer, the seller shall, subject to the buyer providing any necessary information requested by the seller, provide at the buyer' s expense any additional cover, if procurable, such as cover as provided by Clauses (A) or (B) of the Institute Cargo Clauses (LMA/IUA) or any similar clauses and/or cover complying with the Institute War Clauses and/or Institute Strikes Clauses (LMA/IUA) or any similar clauses.

The insurance shall cover, at a minimum, the price provided in the contract plus 10% (i.e., 110%) and shall be in the currency of the contract.

The insurance shall cover the goods from the point of delivery set out in A4 and A5 to at least the named port of destination.

The seller must provide the buyer with the insurance policy or other evidence of insurance cover.

Moreover, the seller must provide the buyer, at the buyer' s request, risk, and expense (if any), with information that the buyer needs to procure any additional insurance.

A4 Delivery

The seller must deliver the goods either by placing them on board the vessel or by procuring the goods so delivered. In either case, the seller must deliver the goods on the agreed date or within the agreed period and in the manner customary at the port.

A5 Transfer of risks

The seller bears all risks of loss of or damage to the goods until they have been delivered in accordance with A4, with the exception of loss or damage in the circumstances described in B5.

A6 Allocation of costs

The seller must pay

a) all costs relating to the goods until they have been delivered in accordance with A4, other than those payable by the buyer as envisaged in B6;

b) the freight and all other costs resulting from A3 a), including the costs of loading the goods on board and any charges for unloading at the agreed port of discharge that were for the seller' s account under the contract of carriage;

c) the costs of insurance resulting from A3 b); and

d) where applicable, the costs of customs formalities necessary for export, as well as all duties, taxes and other charges payable upon export, and the costs for their transport through any country that were for the seller' s account under the contract of carriage.

A7 Notices to the buyer

The seller must give the buyer any notice needed in order to allow the buyer to take measures that are normally necessary to enable the buyer to take the goods.

A8 Delivery document

The seller must, at its own expense provide the buyer without delay with the usual transport document for the agreed port of destination.

This transport document must cover the contract goods, be dated within the period agreed for shipment, enable the buyer to claim the goods from the carrier at the port of destination and, unless otherwise agreed, enable the buyer to sell the goods in transit by the transfer of the document to a subsequent buyer or by notification to the carrier.

When such a transport document is issued in negotiable form and in several originals, full set of originals must be presented to the buyer.

A9 Checking–packaging–marking

The seller must pay the costs of those checking operations (such as checking quality, measuring, weighing, counting) that are necessary for the purpose of delivering the goods in accordance with A4, as well as the costs of any pre-shipment inspection mandated by the authority of the country of export.

The seller must, at its own expense, package the goods, unless it is usual for the particular trade to transport the type of goods sold unpackaged. The seller may package the goods in the manner appropriate for their transport, unless the buyer has notified the seller of specific packaging requirements before the contract of sale is concluded. Packaging is to be marked appropriately.

A10 Assistance with information and related costs

The seller must, where applicable, in a timely manner, provide to or render assistance in obtaining for the buyer, at the buyer' s request, risk and expense, any documents and information, including security-related information, that the buyer needs for the import of the goods and/or for their transport to the final destination.

The seller must reimburse the buyer for all costs and charges incurred by the buyer in providing or rendering assistance in obtaining documents and information as envisaged in B10.

B THE BUYER' OBLIGATIONS

B1 General obligations of the buyer

The buyer must pay the price of the goods as provided in the contract of sale.

Any document referred to in B1-B10 may be an equivalent electronic record or procedure if agreed between the parties or customary.

B2 Licences, authorizations, security clearances and formalities

Where applicable, it is up to the buyer to obtain, at its own risk and expense, any import licence or other official authorization and carry out all customs formalities for the import of the goods and for their transport through any country.

B3 Contracts of carriage and insurance

a) Contract of carriage

The buyer has no obligation to the seller to make a contract of carriage.

b) Contract of insurance

The buyer has no obligation to the seller to make a contract of insurance. However, the buyer must provide the seller, upon request, with any information necessary for the seller to procure any additional insurance requested by the buyer as envisaged in A3 b).

B4 Taking delivery

The buyer must take delivery of the goods when they have been delivered as envisaged in A4 and receive them from the carrier at the named port of destination.

B5 Transfer of risks

The buyer bears all risks of loss of or damage to the goods from the time they have been delivered as envisaged in A4.

If the buyer fails to give notice in accordance with B7, then it bears all risks of loss of or damage to the goods from the agreed date or the expiry date of the agreed period for shipment, provided that the goods have been clearly identified as the contract goods.

B6 Allocation of costs

The buyer must, subject to the provisions of A3 a), pay

a) all costs relating to the goods from the time they have been delivered as envisaged in A4, except, where applicable, the costs of customs formalities necessary for export, as well as all duties, taxes and other charges payable upon export as referred to in A6 d);

b) all costs and charges relating to the goods while in transit until their arrival at the port of destination, unless such costs and charges were for the seller' s account under the contract of carriage;

c) unloading costs including lighterage and wharfage charges, unless such costs and charges were for the seller' s account under the contract of carriage;

d) any additional costs incurred if it fails to give notice in accordance with B7, from the agreed date or the expiry date of the agreed period for shipment, provided that the goods have been clearly identified as the contract goods;

e) where applicable, all duties, taxes and other charges, as well as the costs of carrying out customs formalities payable upon import of the goods and the costs for their transport through any country, unless included within the cost of the contract of carriage; and

f) the costs of any additional insurance procured at the buyer' s request under A3 b) and B3 b).

B7 Notices to the seller

The buyer must, whenever it is entitled to determine the time for shipping the goods and/or the point of receiving the goods within the named port of destination, give the seller sufficient notice thereof.

B8 Proof of delivery

The buyer must accept the transport document provided as envisaged in A8 if it is in conformity with the contract.

B9 Inspection of goods

The buyer must pay the costs of any mandatory pre-shipment inspection, except when such inspection is mandated by the authorities of the country of export.

B10 Assistance with information and related costs

The buyer must, in a timely manner, advise the seller of any security information requirements so that the seller may comply with A10.

The buyer must reimburse the seller for all costs and charges incurred by the seller in providing or rendering assistance in obtaining documents and information as envisaged in A10.

The buyer must, where applicable, in a timely manner, provide to or render assistance in obtaining for the seller, at the seller's request, risk and expense, any documents and information, including security-related information, that the seller needs for the transport and export of the goods and for their transport through any country.

제 3 장

무역 이행단계

Ⅰ. 국제운송

1. 국제운송의 개요

국제운송이란 이국간에 운송수단을 이용하여 화물을 운송하고 그 대가인 운임을 획득하는 상행위이다. 국제운송은 일반적으로 해상운송, 항공운송, 육상운송, 복합운송으로 구분할 수 있다.

2. 해상운송

1) 해상운송의 의의

해상운송은 해상에서 선박에 의하여 물품 또는 사람을 운송함으로써 그 대가인 운임을 획득하는 상행위이다.

2) 해상운송의 장 · 단점

해상운송의 장점은 항공운송에 비하여 대량운송 용이, 운송비 저렴, 장거리운송에 적합하다. 반면에 항공운송에 비하여 운송시간이 장기, 기후에 민감, 항만시설 및 하역기기 같은 시설 등이 필요하다.

3) 해상운송 형태

해상운송의 형태에는 정해진 항로를 규칙적으로 반복하여 운항하는 정기선운송(liner)과 화물이 있거나 화주의 요구가 있을 경우에 화주와 용선계약을 체결하고 화물이나 항로에 따라 배선하는 부정기선운송(tramper)이 있다.

4) 해상운송계약 형태

해상운송계약은 선박에 의하여 화물을 운송하는 계약을 선주 또는 운송인이 화주와 계약을 체결하고 그 대가로 운임을 지불하는 것을 약정하는 계약이다. 해상운송계약은 개품운송계약과 용선운송계약으로 나눌 수 있다.

(1) 개품운송계약

개품운송계약은 일반적으로 선사가 불특정 화주로부터 화물운송을 위탁받아 운송하는 형태로 정기항로에 취항하는 정기선이 주로 사용된다.

정기선 운송은 전문운송인에 의하여 고가의 선박과 고사의 화물을 운송하고 표준계약서와 운임표에 따라 운송서비스를 제공한다.

개품운송계약의 당사자는 별도의 명시적 합의가 없는 한 Incoterms 조건에 따라 운송계약을 체결할 의무가 결정된다. 예컨대 E규칙이나 F규칙의 경우에는 수입자가 운송계약을 체결하여야 하고, C규칙이나 D규칙의 경우에는 수출자가 운송계약을 체결하여야 한다.

개품운송계약의 체결절차는 다음과 같다.

① 화주가 해운회사의 홈페이지 또는 해상운송정보사이트에서 운항일정(sailing schedule)을 확인한다.

② 화주는 계약신청의 의사표시로 선적요청서(shipping request: S/R)를 작성한다.

③ 선사는 계약승낙의 의사표시로 선복예약서(Booing Note: B/N)를 작성함으로써 운송계약이 성립되게 된다.

④ 선사는 운송계약이 성립되면 송화인에게 선복예약서를 교부한다.

⑤ 화주는 물품선적 후에 인터넷상의 홈페이지에서 선화증권을 출력하게 된다. 실무적으로 선화증권을 발급하기 전에 Check B/L을 발급하여 송화인이

선화증권의 하자 유무를 점검하기도 한다.

(2) 용선운송계약

용선운송계약은 화물이 있거나 화주의 요구가 있을 경우에 화주와 용선계약을 체결하고 화물이나 항로에 따라 배선하는 운송형태로 부정기선이 주로 사용된다. 부정기선은 주로 저가의 대량화물이나 유조선, 냉동선, 목재전용선, 자동차전용선 등이 있다.

부정기선 운송시 화주는 운송자와 용선계약(charter party)을 체결한다. 용선계약의 종류에는 선복의 일부를 빌리는 일부용선(partial charter)이 있고, 선복의 전부를 빌리는 전부용선계약으로 나눌 수 있다. 전부용선계약에는 다시 특정항해만을 용선하는 항해용선계약(voyage charter), 특정기간을 용선하는 기간용선계약(time charter), 선박만을 용선하는 나용선계약(bare boat/demise charter) 등이 있다.

용선계약절차는 다음과 같다.

① 화주가 화물의 종류, 수량, 선적시기, 운임률 등 조건에 맞는 선박을 중개인에게 의뢰하면 화주의 조건과 일치하는 선사를 조회한다.
② 화주로부터 조회를 받은 선사는 화주의 조건을 검토한 후에 조건이 일치하면 화주와 용선계약체결을 신청한다.
③ 선사가 제시한 유효기간 내에 선사의 청약에 대하여 승낙하면 용선계약이 성립하고 이에 관한 증빙으로 선복확정서를 작성하여 선사, 화주 및 중개인이 각 1부씩 보관한다.
④ 화주와 선사 간에 선복확정서에 따라 정식으로 용선계약서를 작성한다.

3. 항공운송

1) 의의

항공기에 의하여 화물과 여객을 공항에서 다른 공항으로 운송하는 것을 의미한다. 항공운송에 이용되는 화물은 주로 부가가치가 높은 품목, 적시성과 신속성을 요하는 물품 등에 사용된다. 이러한 항공운송은 여타 운송에 비하여 운송의 안전성, 운송 중 손상 및 분실사고 위험이 낮음, 장거리 광범위한 지역을 단기간에 운송할 수 있는 장점이 있다.

2) 항공운송 수출입절차

(1) 수출화물 운송절차

① 항공예약(booking)
화물의 출고시간에 맞추어 항공사 선정. 실무적으로는 항공운송주선업자(freight forwarder)가 업무를 대행한다. 화물운송 예약시에는 항공운송장(Air waybill) 번호, 출발지/도착지, 포장개수, 각 포장상자의 중량, 부피, 상품명 등과 함께 지정 항공편에 예약을 의뢰한다.

② 화주는 수출서류를 준비하고 물품을 포장하여 필요한 통관절차를 이행한다.

③ 화주는 포장이 완료된 화물을 보세지역(bonded area)에 반입하고 상업송장(commercial invoice), 포장명세서(packing list) 등의 서류와 함께 수출신고서(export declaration)를 관할세관에 제출한 후 수출면장(export permit)을 교부받는다.

④ 항공사 또는 그 대리점에서는 화물을 인수함과 동시에 화주는 항공운송장을 작성 · 교부하고 화물의 내용에 따라 적절한 라벨(label)을 붙인다.

⑤ 탑재가 결정된 화물은 적하목록(air cargo manifest)에 기재하고 작성된 적하목록의 세관제출용을 세관에 제출하여 화물의 반출허가를 받는다.

⑥ 화물반출 적하목록에 따라 화물장치장에서 탑재할 화물을 픽업하여 행선지별로 컨테이너, 팔레트 등에 적재한다.

⑦ 탑재책임자는 항공기의 운항에 필요한 자료와 수화물, 기타 화물량에 따라 탑재계획을 작성하여 출발한다.

(2) 수입화물 운송절차

① 항공기 도착시 기내검역 후 하기지시서(unloading instruction)에 따라 하기작업을 한다.

② 하기된 화물은 분류장에 운반되어 서류와 함께 점검을 한다.

③ 도착화물은 보세창고에 보관한다. 이때 화물의 대조 확인 및 파손유무를 점

검한다.

④ 항공사 또는 항공운송대리인은 항공운송장의 분류 후, 수화인에게 전화나 우편으로 화물의 도착을 통지한다.

〈표 3-1〉 항공운송 수출입절차

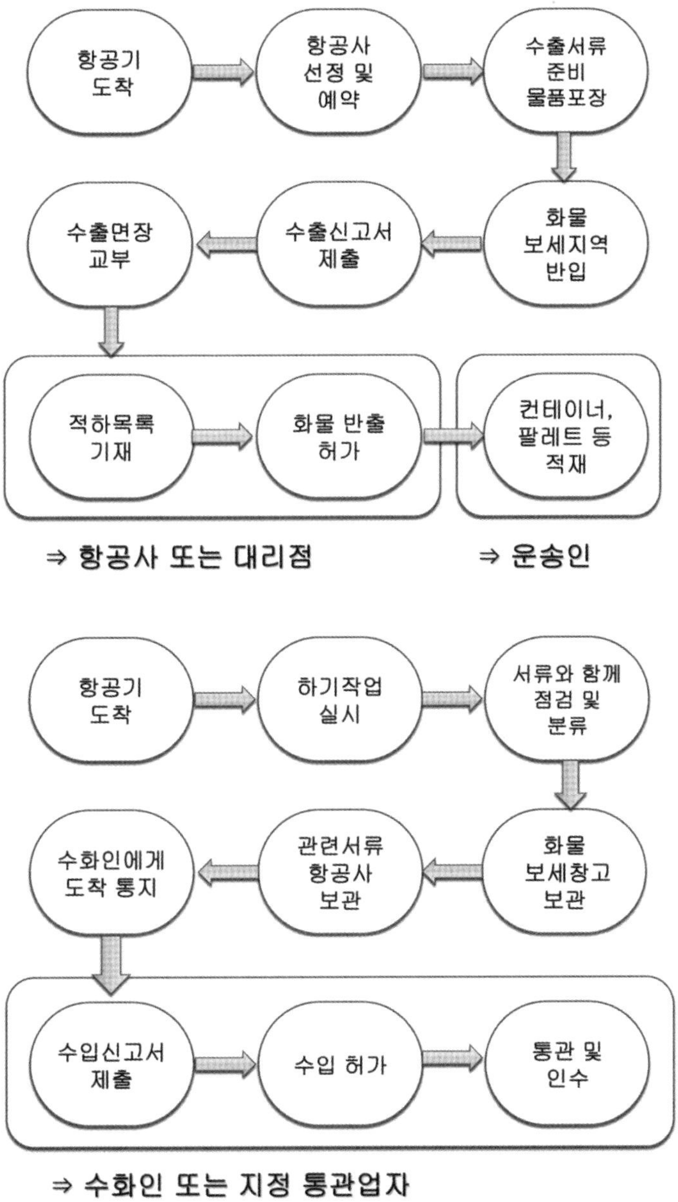

⑤ 수입통관업무는 화주 또는 관세사, 통관법인 등에서 행하며, 항공사로부터 항공운송장을 인수받은 후 수입신고서를 세관에 제출하고 수입허가를 득하여 통관하게 된다.

4. 국제복합운송

1) 의의

복합운송인이 물품을 자기의 보관아래 인수한 일국의 지점에서 물품을 인도하기 위하여 지정된 다른 국가의 지점까지 하나의 복합운송계약에 의하여 적어도 두 가지 이상의 다른 운송수단에 의한 운송을 의미한다.

2) 특징

국제복합운송의 특징은 다음과 같이 설명할 수 있다.

① 작업비용의 절감과 작업흐름의 원활화
② 수송수속의 간소화
③ 운송책임의 일원화
④ 화물의 추적이 용이

3) 복합운송인

이종운송수단을 결합하여 송화인을 상대로 복합운송계약을 체결한 계약의 당사자로 2국 이상을 운송하는 운송인이다.

4) 운송주선인

운송을 위탁한 고객을 대리하여 스스로 운송주체가 되어 자기 명의로 운송서류를 발행하여 전 구간의 운송책임을 부담하는 자이다. 운송주선인을 Freight Forwarder, Forwarder Agent, shipping agent라고도 한다. 운송주선인은 주로 통관, 집화, 선적, 환적, 운송, 보관, 배달 등의 서비스를 제공한다.

5. 컨테이너 운송

1) 의의

일반화물이 컨테이너라고 하는 표준화된 대형 운송용기에 단위화(unit)됨으로써 본선 적재, 양륙의 능률을 증가시킨다.

2) 장 · 단점

컨테이너 운송의 장점은 비용의 절감(운송비, 하역비, 포장비, 보험료, 인건비 등), 운송시간의 단축 및 화물의 손상 감소, Door to Door 운송이 가능하다. 반면에 단점으로는 컨테이너 규격으로 인한 이용화물의 제한, 시설확보에 따른 경비 및 관리비 부담 등이 있다.

3) 컨테이너 터미널의 구성

(1) Berth(Pier)

선박이 항내에 접안 또는 정박하는 장소로 컨테이너가 적재 및 양하되는 장소이다.

(2) Apron

안벽에서 갠트리 크레인(gantry crane)[1]의 레일을 설치하기 위하여 필요한 장소이다.

(3) Marshalling Yard

컨테이너를 적재하거나 양하하기 위하여 컨테이너를 정렬시켜 놓은 장소이다.

(4) Container Yard(CY)

컨테이너의 인도, 인수 및 보관을 위하여 컨테이너를 두는 장소이다. 주로 Marshalling Yard의 배후에 위치하거나 포함하기도 한다.

---

1) 컨테이너선으로부터 컨테이너를 적재하거나 양하하는 데 사용되는 기중기이다.

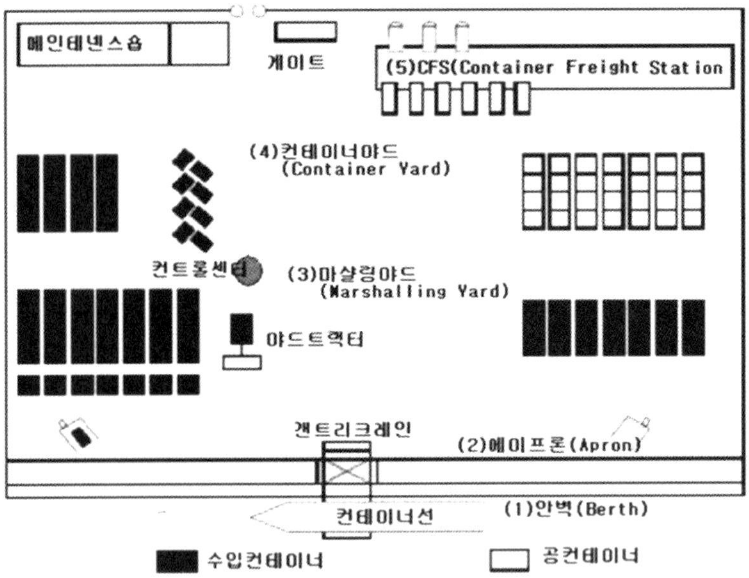

(5) Container Freight Station(CFS)

컨테이너 화물을 컨테이너에 적입하거나 혼재되어 있는 화물을 목적지별로 선별하는 장소이다.

4) 컨테이너 운송형태

(1) CY- CY(FCL - FCL: Door to Door)

송화인의 생산 공장 또는 창고에서 컨테이너에 적재되어 최종 목적지의 수화인의 창고까지 동일한 컨테이너에 의하여 일관 운송되는 방식이다.

(2) CY- CFS(FCL - LCL: Door to Pier)

송화인의 생산 공장 또는 창고에서 컨테이너에 적재되어 목적항 지정 CFS까지 운송하는 방식이다.

(3) CFS - CY(LCL - FCL: Pier to Door)

화물이 선적지에 있는 선박회사의 지정 CFS에서 컨테이너에 적입되어 최종 목적지에 있는 수화인의 창고까지 동일한 컨테이너에 의하여 운송하는 방식이다.

(4) CFS - CY(LCL - FCL: Pier to Pier)

화물이 선적항에 있는 선박회사의 지정 CFS에서 컨테이너에 혼재되어 도착항에 있는 선박회사의 지정 CFS에서 컨테이너로부터 반출되어 여러 수화인에게 인도되는 운송방식이다.

6. 선적 및 양륙관련 서류

1) 선복예약서(Booking Note)

운송회사가 화주의 운송신청에 대하여 화물운송 인수할 것을 확약하는 서류이다.

KOREA SHIPPING CORPORATION, LTD.

CABLE ADDRESS

"KOREASHIP" DATE : (발신일자) HEAD OFFICESEOUL

OFFICE: (본지사의 구별) BRANCH OFFICE:

PUSAN

NOTE No.: (확약서번호) TOKYO

BANGKOK

Messrs.(선적의뢰자)

FREIGHT BOOKING NOTE

Dear Sirs.

We beg to confirm having booked with you the following cargo for the S.S.(M.S.)(선박명)Voy. No.(항차번호):

1) Cargo & quantity :	(화물명 및 수량)
2) Loading/discharging ports :	(선적항/양륙항명)
3) Laydays :	(정박기간출항일)
4) Freight rate & payment :	(운임률 및 지급통화명)
5) B/L to be issued at :	(B/L 발행지)

This freight booking note is accepted subject to customary liner terms and the vessel' s B/L clauses(이 선적확약서는 통례적인 정기선조건과 선박의 B/L약관에 따른다.)

We hereby agree the above.

Date(일자) Yours faithfully.

For & on behalf of: KOREA SHIPPING CORPORATION, LTD.

2) Shipping Request

화주가 운송회사에 제출하여 운송을 의뢰하는 서류이다.

SHIPPING REQUEST

Shipper / Exporter	No. & date of invoice
MYUNG SUNG TEX CO. LTD. MYUNG SUNG BLDG 34-17 SAMSUNG-DONG KANGNAM-KU, SEOUL, KOREA	MS1-11-1304 01-Nov-11 No. & date of L/C PH-11-1082 29-Sep-11 L/C issuing bank TRADE FINANCE
Consignee	Notify party
INDITEX S.A., AVDA. DIPUTACION, EDIFICIO INDITEX.S/N 15142-ARTEIXO-LA CORUNA PH-981 185400 , CONTACT : ATTN. IMPORT DEPT	DHL GLOBAL FORWARDING SPAIN S.L.U TERMINAL DE CARGA DEL AEROPUERTO DE BILBAO 48150 SONDIKA TEL: +34 944 535 556 FAX: +34 944 711 546 Demetrio.hernandez@dhl.com
Port of loading JAKARTA, INDONESIA	Place of delivery BARCELONA, SPAIN
Carrier NAJADE V.1124	Sailing on or about NOV.20.211

Marks and numbers of pkgs	Description of Good	Quantity	Net Weight	Gross Weight	Mesurement
		FOB JAKARTA, INDONESIA			
ZARA	24,133 PCS OF CHILDREN'S GARMENTS				
INDITEX, S.A.	AS PER PFI DT. 29.09.2011				
PLATAFORMA LOGISTICA					
MECO, S.A.	BOYS JACKET				
POLIGONO INDUSTRIAL MECO	P.O. NR. : D-40756	STYLE NR. : 6398/660			
R2, PARCELA 10, MECO,		24,133 PCS	9,484.50 KGS	10,527.87 KGS	61.824 CBM
28880 MADRID					
	* TOTAL CARTON QTY :	644 CTNS			

DIVISION :
ARTICULO :
COLOR :
TALLA :
CANTIDAD DE LOTES :
PROVEEDOR :
NO. FACTURA - ALBARAN
NO. PEDIDO :
NO. BULTOS :
TOTAL BULTOS :
CODIGO DE BARRAS :
CANTIDAD DE UNIDADES :

Signed by ____________________

3) 파손화물보상장(Letter of Indemnity)

운송회사는 화주가 선적요청한 화물이 파손된 경우에 운송회사에 청구되는 손해배상을 회피하고, 수출자는 Clean B/L을 발급받기 위하여 운송회사에 제출하는 서류로서 운송회사에게 책임이 없음을 표시하는 서류이다.

LETTER OF INDEMNITY

20××

S.S/M.V. "   " Voy. No.   Sailed

Dear Sirs,

In consideration of your handing us clean Bill of Lading for our shipment by the above vessel as described below, the mate's receipt at which bears the following clause:

We hereby undertake and agree to pay on demand any claim that may thus arise on the said shipment and/or the cost of any consequent reconditioning and generally to indemnify yourselves and/or agents and/or the owners of the said vessel against all consequences that may arise from your action.

Further, should any claim arise in respect of this goods, we hereby authorize you and/or agents and/or owners of the vessel to disclose this Letter of Indemnity to the underwriters concerned.

Yours faithfully,

Bs/L No.

Marks & Nos.	No. of Pkgs.	Description	Destination

4) 화물도착통지서(Arrival Notice)

화물이 목적지에 도착하면 화물이 도착했음을 통지처에 알려주는 서류이다.

KOREA SHIPPING CORPORATION, LTD.

Date 15th September, 20××

Port of Busan, Korea

Arrival Notice

Please be advised that the undermentioned cargo consigned to you arrived aboard subject vessel on 23rd September, 20×× at the port of Busan. Kindly send us your Bill of Lading duly endorsed in exchange for Delivery Order and take immediate delivery of the goods.

"*Arirang*" Voy 185E B/L Consignee *Bank of Pusan.*,

B/L No. MARKS No. OF PKGS. DESCRIPTION OF CARGO

PK1 20 Cases 12,000.Yards of Nylon Taffeta

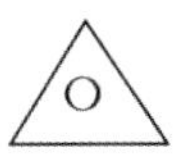

Busan

C/No. 120

SAY. *Twenty(20) Cases only.*

MAIL TO: *Daeyang Trading Co., Seoul*

SHIPPER: *Tsuda & Co., Ltd. Osaka*

FREIGHT: *Prepaid*

Business Director

5) 화물인도지시서(Delivery Order)

운송회사 또는 그 대리인이 화물인도를 지시하기 위하여 본선의 선장 앞으로 발급하는 서류이다.

KOREAN SHIPPING CORPORATION, LTD.
CARGO DELIVERY ORDER
ORIGINAL

Date at

Notify Party:

D/O No

To:

Please deliver upon endorsement the undermentioned goods to:

Messrs. (송화인이 지정한 상대방)

Per(선박명) Voy #(항차번호) From(선적지) To(착륙지) B/L No.(B/L번호)

PARTICULARS OF CARGO

MARK.	QUANT.	DESCRIPTION OF CARGO,	WEIGHT.	MEAS.
(하인)	(수량)	(물품명세)	(중량)	(용적)

Vessel scheduled to arrive: (선박도착예정일)

Shippers: (선적자송화인)

Issued subject to all and singular the terms, conditions and exceptions of the Bill of Lading.(선화증권의 각 조건과 예외규정에 따라 발행됨)

All charges beyond end of ship' s tackle are for account of cargo.

KOREA SHIPPING CORPORATION. LTD.

Vessel or Agents assume no responsibility for security, delivery or damage to cargo after discharge from vessel.

6) 선적 통지(Shipping Notice)

수출자가 수출물품을 선적 전 또는 선적 후에 수입자에게 E-mail 또는 Fax 등을 이용하여 본선명, 선적일, 선적항 등을 통지하는 서류이다.

SMB INDUSTRIAL CO., LTD.
C.P.O. Box 7917, Seoul Korea

Messrs. Wilson & Co., Inc. Seoul, August 30, 20××
50 Liberty St.,
New York, N.Y. 10005,
U.S.A.

Gentlemen:

Shipment Order No. 100

We inform you that we have shipped 500 dozen of Cotton Shirts by M/S "Island Container V23" of the Hong Kong Island Line which left here today. As requested, two non-negotiable copies of the B/L and three copies of shipping invoice are enclosed.

We hope that the goods will reach you in good condition and to your satisfaction so that you may place further orders with us.

Cordially yours,
SMB IND. CO., LTD.

Mr. S. M. Bae
Director, Trading Dept.

MYS/mba

7) 선적 및 대금결제 통지

수출자가 계약에 따른 물품을 선적하고 수입자에게 수출대금 결제를 요청하면서 송부하는 서류이다.

> We are pleased to confirm our Fax of 18th September, 20×× informing you that we have shipped the following goods covering your order No. 4123 dated June 30 yesterday by M/S "Korea A3" of The Korea Shipping Line. Enclosed find copies of the relative transport documents.
>
> To cover this shipment, we have drawn a draft at sight and negotiated it through Korea Exchange Bank with the L/C No. 123 issued by the China Bank, Beijing. We hope you would honor the draft upon presentation.
>
> We believe that the goods will reach you in good order and to your satisfaction so that you may place further orders with us.
>
> Yours faithfully,

8) 선적일정 통지

수출자가 수입자의 편의를 위하여 운송일정을 알려주는 서류이다.

> We are much obliged for the arrangements you promised us by Fax this morning to reserve space of 5 tons on the m/s "Korea AM", which is scheduled to sail from Busan on September 25.
>
> The goods are 10 cases of our TV Set destined for New York, which will be warehoused by September 20 by our shipping agents, Dae Yang Co., Ltd.
>
> We are informed that some advance in freight rate is inevitable due to the shortage of shipping space with the approach of seasonal active transaction, but we are grateful to you for giving us your special rate of USD60 per 40 cft.
>
> Should there any change in the shipping schedule, please let us know of it without delay.

9) 선적지연 통지

수출자가 수입자에게 화물의 지연선적이 발생하는 경우에 발송하는 서류이다.

> We regret very much your complaint of August 10, that we have not yet been able to execute your order No. 123. We are, of course, aware that your goods are long overdue, but work at the plant was suspended for several weeks through the strike of employees.
>
> However we have been doing everything possible in our power to deliver the goods within a week, and now are arranging for shipment.
>
> In the meantime we offer our apologies to you for the inconvenience the delay has caused you.

10) 운송서류

(1) 선화증권

선화증권은 운송인이 화주로부터 화물을 수령 또는 선적하였음을 나타내며 도착항까지 운송하여 증권의 정당한 소지인에게 화물인도를 약속하는 유가증권이다.

CORAL SHIPPING CO., LTD.

BILL OF LADING

Received by the Carrier from the Shipper in apparent good order and condition unless otherwise indicated herein, the Goods, or the container(s) or package(s) said to contain the cargo herein mentioned, to be carried subject to all the terms and conditions provided for on the face and back of this Bill of Lading by the vessel named herein or any substitute at the Carrier's option and/or other means of transport, from the place of receipt or the port of loading to the port of discharge or the place of delivery shown herein and there to be delivered unto order or assigns. This Bill of Lading duly endorsed must be surrendered in exchange for the Goods or delivery order.
In accepting this Bill of Lading, the Merchant agrees to be bound by all the stipulations, exceptions, terms and conditions on the face and back hereof, whether written, typed, stamped or printed, as fully as if signed by the Merchant, any local custom or privilege to the contrary notwithstanding, and agrees that all agreements or freight engagements for and in connection with the carriage of the Goods are superseded by this Bill of Lading.

FIRST ORIGINAL

Shipper

Consignee

Notify Party
ILYA CORPORATION
172-1, YUMRI-DONG, MAPO-KU, SEOUL, KOREA

Forwarding Agents

Booking Office

B/L No. YK/PUS-T1207165

Party to Contact for Cargo Release
ST SHIPPING CO., LTD.
2ND FL., GOLD BLDG., 1660-26,
SEOCHO-DONG, SEOCHO-KU,
SEOUL, 137-881, KOREA
TEL:02-755-9384 FAX:02-755-9387

Pre-carriage by | Place of Receipt: YOKOHAMA CY

Ocean Vessel / Voy. No.: O.M. AESTATIS 1218N | Port of Loading: YOKOHAMA, JAPAN | Routing via

Port of Discharge: BUSAN, KOREA | Place of Delivery: BUSAN CY | Final Destination (for the merchant's reference only)

Particulars furnished by Merchant

Container No. & Seal No. Marks & Nos.	No. of Containers or Pkgs	Kind of Packages; Description of Goods	Gross Weight of Container (Cargo Net Weight) (KGS)	Measurement of Cargo (M3)
ALUMINIUM HYDROXIDE H-42 NET 700 KGS SHOWA DENKO K.K. MADE IN JAPAN HALU4200311(40')/HAS066263		'SHIPPER'S LOAD & COUNT SAID TO CONTAIN' ALUMINIUM HYDROXIDE H-42 INVOICE NO. 2FK00066 1 CONTAINER ********** 28 PALLETS (784 BAGS) SURRENDERED FREIGHT COLLECT	20,860.000	51.744

收入印紙 日本政府 200

SURRENDERED '12.7.27 CORAL SHIPPING CO., LTD.

TOTAL NUMBER OF CONTAINERS OR PACKAGES (in words): SAY: ONE (1) CONTAINER ONLY.-

FREIGHT & CHARGES	R.Tons	Rate	Per	Prepaid	Collect
		- AS ARRANGED -			

ICS B/L

Ex. Rate @¥	Prepaid at	Payable at: DESTINATION	Place of B(s)/L issue: TOKYO, JAPAN	Dated: JUL. 27. 2012
	Total Prepaid in Yen	No. of original B(s)/L: ONE (1)	CORAL SHIPPING CO., LTD.	

Laden on board the Vessel:
Date: O.M. AESTATIS VOY. 1218N
AT YOKOHAMA, JAPAN
JUL. 27. 2012

By
CORAL SHIPPING CO., LTD.
AS CARRIER

By
CORAL SHIPPING CO., LTD.
AS CARRIER

(2) Sea Waybill

해상화물운송장은 운송계약의 증빙, 화물의 영수증이라는 기능은 선화증권과 공통점이 있으나 권리증권이 아니므로 제3자에게 유통할 수 없다.

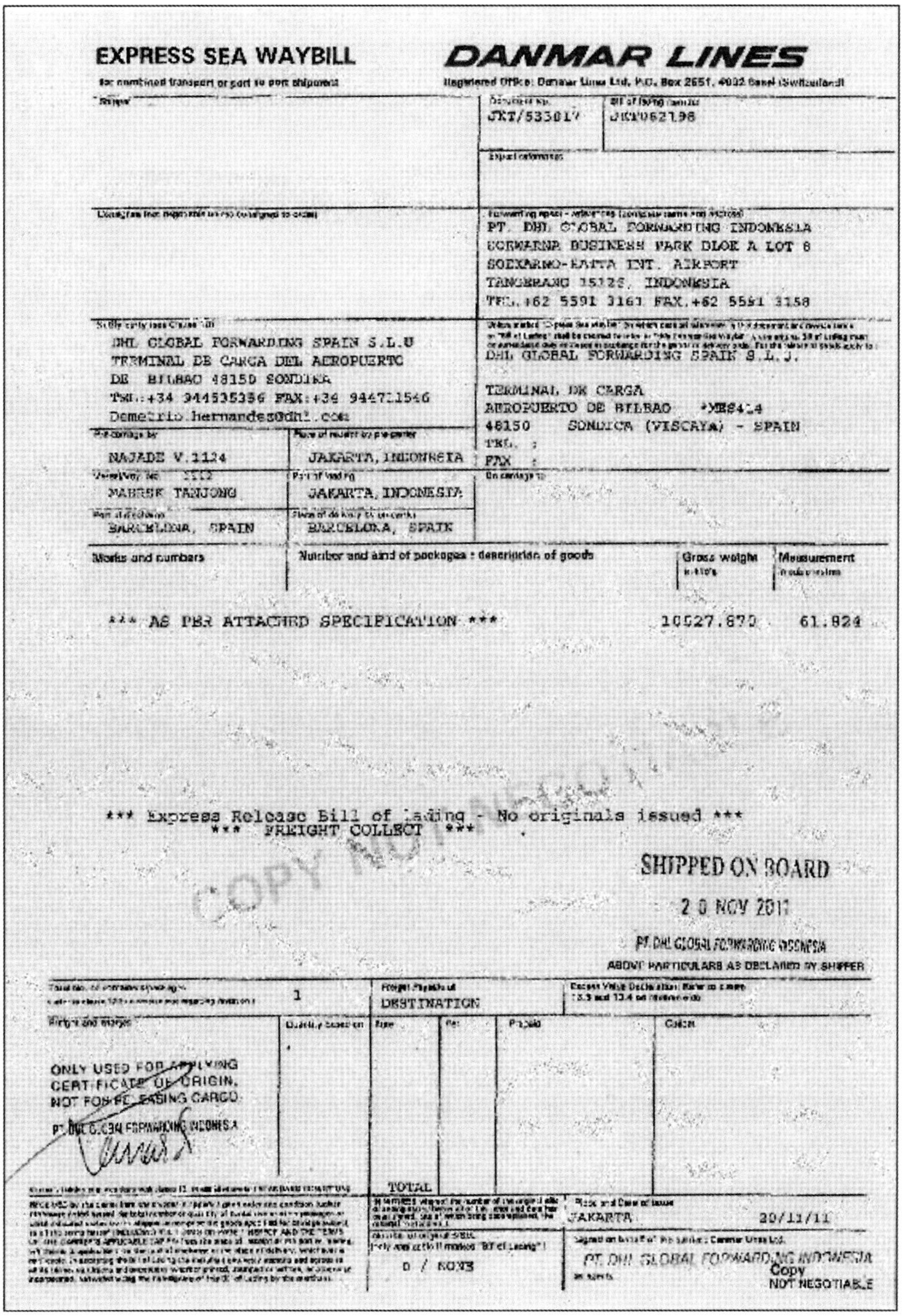

EXPRESS SEA WAYBILL
DANMAR LINES

JKT/535017
JKT062198

PT. DHL GLOBAL FORWARDING INDONESIA
SOEWARNA BUSINESS PARK BLOK A LOT 8
SOEKARNO-HATTA INT. AIRPORT
TANGERANG 15126, INDONESIA
TEL.+62 5591 3161 FAX.+62 5591 3158

DHL GLOBAL FORWARDING SPAIN S.L.U
TERMINAL DE CARGA DEL AEROPUERTO
DE BILBAO 48150 SONDIKA
TEL.:+34 944535356 FAX:+34 944711546
Demetrio.hernandez@dhl.com

DHL GLOBAL FORWARDING SPAIN S.L.U.
TERMINAL DE CARGA
AEROPUERTO DE BILBAO
48150 SONDICA (VISCAYA) - SPAIN
TEL. :
FAX :

NAJADE V.1124
JAKARTA, INDONESIA
MAERSK TANJONG
JAKARTA, INDONESIA
BARCELONA, SPAIN
BARCELONA, SPAIN

Marks and numbers | Number and kind of packages ; description of goods | Gross weight | Measurement

*** AS PER ATTACHED SPECIFICATION *** 10527.870 61.824

*** Express Release Bill of Lading - No originals issued ***
*** FREIGHT COLLECT ***

COPY NOT NEGOTIABLE

SHIPPED ON BOARD
20 NOV 2011
PT. DHL GLOBAL FORWARDING INDONESIA

ABOVE PARTICULARS AS DECLARED BY SHIPPER

1
DESTINATION

ONLY USED FOR APPLYING
CERTIFICATE OF ORIGIN,
NOT FOR RELEASING CARGO
PT. DHL GLOBAL FORWARDING INDONESIA

TOTAL

JAKARTA 20/11/11

0 / NONE

PT. DHL GLOBAL FORWARDING INDONESIA
Copy
NOT NEGOTIABLE

(3) AWB

항공화물운송장은 유가증권이 아닌 단순한 화물운송장으로 비유통성(Non-negotiable), 기명식으로 발행되는 서류이다.

105 TKU 3287 4041 HA-22398748

Shipper's Name and Address	Shipper's Account Number	Not Negotiable **Air Waybill** Issued by
SULZER PUMPS FINLAND OY		OY WIKESTRÖM & KROGIUS AB HUOLINTAKATU 3 20200 TURKU
		Copies 1, 2 and 3 of this Air Waybill are originals and have the same validity
Consignee's Name and Address	**Consignee's Account Number**	It is agreed that the goods described herein are accepted in apparent good order and condition (except as noted) for carriage SUBJECT TO THE CONDITIONS OF CONTRACT ON THE REVERSE HEREOF. ALL GOODS MAY BE CARRIED BY ANY OTHER MEANS INCLUDING ROAD OR ANY OTHER CARRIER UNLESS SPECIFIC CONTRARY INSTRUCTIONS ARE GIVEN HEREON BY THE SHIPPER, AND SHIPPER AGREES THAT THE SHIPMENT MAY BE CARRIED VIA INTERMEDIATE STOPPING PLACES WHICH THE CARRIER DEEMS APPROPRIATE. THE SHIPPER'S ATTENTION IS DRAWN TO THE NOTICE CONCERNING CARRIER'S LIMITATION OF LIABILITY. Shipper may increase such limitation of liability by declaring a higher value for carriage and paying a supplemental charge if required.
DAEHAN PAPER CO., LTD		
Issuing Carrier's Agent Name and City		**Accounting Information**
OY WIKESTRÖM & KROGIUS AB Tel:+358(0)207218 Fax:+358(0)207218		5
Agent's IATA Code	**Account No.**	
1947014/2016		
Airport of Departure (Addr. of First Carrier) and Requested Routing		**Reference Number** / **Optional Shipping Information**
HELSINKI TCN		

to	By First Carrier (Routing and Destination)	to	by	to	by	Currency	CHGS Code	WT/VAL PPD	WT/VAL COLL	Other PPD	Other COLL	Declared Value for Carriage	Declared Value for Customs
ICN	AY					EUR			C		C	NVD	NCV

Airport of Destination	Requested Flight/Date	Amount of Insurance	INSURANCE – If Carrier offers insurance, and such insurance is requested in accordance with conditions on reverse hereof, indicate amount to be insured in figures in box marked "Amount of Insurance".
SEOUL	AY041/14	0,00	

Handling Information
1 PCS MARKED P12-1687

STATUS: X

No. of Pieces RCP	Gross Weight	kg lb	Rate Class / Commodity Item No.	Chargeable Weight	Rate / Charge	Total	Nature and Quantity of Goods (incl. Dimensions or Volume)
1	132,0	K	Q	132,0	0,00	0,00	PUMP SPARES 1/58X52X54CM
1	132,0					0,00	VOL. 0,160 CBM

Prepaid	Weight Charge	Collect	Other Charges
		0,00	
	Valuation Charge		
	Tax		FREIGHT COLLECT RATE AS AGREED
	Total Other Charges Due Agent		Shipper certifies that the particulars on the face hereof are correct and that insofar as any part of the consignment contains dangerous goods, such part is properly described by name and is in proper condition for carriage by air according to the applicable Dangerous Goods Regulations.
	Total Other Charges Due Carrier		As agent VAT: FI 20042857 for the shipper OY WIKESTRÖM & KROGIUS AB 22398748 Signature of Shipper or his Agent
Total prepaid		Total Collect	OY WIKESTRÖM & KROGIUS AB As agent for the carrier Finnair Oyj
Currency Conversion Rates		CC Charges in Dest. Currency	12 JUL 12 TKU APT MAGNUS KROOK Executed on (Date) at (Place) Signature of Issuing Carrier or its Agent
For Carrier's Use only at Destination		Charges at Destination	Total Collect Charges HA-22398748

ORIGINAL 3 (FOR SHIPPER)

Ⅱ. 해상보험

1. 해상보험의 의의

해상보험은 해상사업과 관련된 사고를 보상하는 경제적 제도로서 보험자와 피보험자 간에 체결되는 해상보험계약에 의해 구체적으로 시행된다.[2] 해상보험은 해상에서 발생하는 손해뿐만 아니라 해상사업과 관련하여 육상, 내수로 또는 항공에서 발생하는 손해에 대해서도 보상하는 혼합보험의 성격을 가지고 있다. 해상보험의 보상원칙은 직접손해배상과 실손보상의 원칙에 따른다.

2. 해상보험의 특징

1) 낙성계약

해상보험은 기본적으로 보험자(보험회사)와 보험계약자와의 조건이 일치하여야 계약이 성립하는 낙성계약이다. 그러나 현실적으로는 보험회사의 상품과 조건을 계약자의 필요에 따라 선택하고 보험료를 납부할 때 보험계약이 성립한다.

2) 쌍무계약

보험계약자는 계약목적물의 보험성립을 위해 보험료를 납부하고, 보험자는 계약목적물에 발생할 수 있는 위험을 인수하여 보험사고가 발생하였을 때 보험금을 지급한다.

3) 유상계약

보험계약의 성립은 계약자가 보험료를 납부하였을 때 유효하게 성립한다. 그러므로 보험료를 납부하지 않은 보험증권은 보험계약으로서 효력이 없다.

---

2) 영국해상보험법(MIA, 1906)에서 해상보험은 보험자가 피보험자에게 당해 계약에 의해 합의된 방법과 범위 내에서 해상손해, 즉 항해사업에 부수되는 손해를 보상할 것을 확약하는 계약이다.

4) 부합계약

무역계약은 거래당사자의 합의에 따라 성립하는 것이 일반적이지만 해상보험은 보험회사에서 일방적으로 정한 계약조건을 보험계약자가 단순히 승낙하여 보험계약이 시작된다.

5) 최대선의계약

해상에서 발생하는 위험은 육상에서 보험계약 체결시 확정적으로 알 수 없으므로 보험회사는 계약자의 고지내용을 믿고 보험계약을 체결하게 된다. 따라서 보험계약에서는 보험당사자의 신의성실의무가 가장 중요한 요건이 된다.

6) 사행계약

보험회사가 제시하는 보험계약조건은 해상 또는 운송 도중 발생할 수 있는 우연한 사고의 발생 가능성을 확률(대수의 법칙)로 표시하여 위험을 인수하는 계약이다. 따라서 보험계약은 보험료의 산정과 보험금의 지급이 확률적 상황에 따라 그 내용이 달라지는 사행계약이 된다.

3. 해상보험 용어

1) 위험(Risk)

위험은 손실의 발생가능성(chance of loss) 또는 불확실성(uncertainty concerning loss)을 말한다.[3)]

2) 손실(Loss)

손실은 손실발생의 가능성 또는 불확실성을 의미한다. 손실은 상업보험이나 정책보험으로 보험계약체결이 가능한 부보가능손실(insurable loss)과 손실의 성격상 보험대상이 되지 않는 부보불능손실(uninsurable loss)로 나눌 수 있다.

---

3) 가능성은 존재의 유무가 아니라 유와 무의 중간상태를 의미한다. 반면에 불확실성은 장래에 발생할 수 있는 특정현상을 사전에 정확하게 예측할 수 없기 때문에 조성되는 상태를 의미한다.

3) 손인(Peril)

손인은 손실의 원인(손인)이 되는 것을 말한다. 손인에는 근인과 원인이 있다.

4) 위태(Hazzard)

손실발생의 가능성을 증가시키거나 감소시키는 요인을 의미한다.

5) 담보(to cover)

보험자가 인수한 위험을 담보한다는 의미이다.

6) 보상(to pay)

보험자가 인수한 위험이 원인이 되어 발생한 손해를 보상한다는 의미이다.

7) 피보험목적물(Subject-matter insured)

보험계약에서 보험자가 위험을 인수하는 거래대상 물품을 의미한다.

8) 피보험이익(Insurable interest)

손해보험에서 보험사고의 발생에 의하여 손해를 입을 우려가 있는 피보험자의 경제적 이익을 말한다. 이익을 피보험이익이라고 하고 상법에서 이것을 보험계약의 목적이라고 하고 양도할 수 있다.[4)]

9) 담보(Warranty)

보험계약과 관련하여 보험계약자 또는 피보험자가 반드시 지켜야 할 약속을 의미한다.

10) 보험계약의 당사자

(1) 보험자(Insurer, Assurer)

위험을 인수하고 손실에 보상을 약속하는 자이다. 보험자는 보험회사와 개인보험업자로 구분할 수 있다. 우리나라에서는 개인보험업자를 인정하지 않는다.

---

4) 상법 668조, 669조.

(2) 보험계약자(Insurance holder)

보험계약을 자신의 명의로 체결하는 자로 보험료 납입의무가 있다.

(3) 피보험자(Insured, Assured)

손실을 보상받을 수 있는 권리를 소유한 자이다. 손실 발생시 손해보상을 청구하고 보험금을 수령하게 된다.

11) 보험증권(Insurance policy)

보험계약이 성립된 후 보험계약의 내용을 증명하기 위하여 보험자가 발생한 서류이다.

12) 보험증명서(Insurance certificate)

포괄예정보험증권(open policy)에 근거하여 발행된 보험서류이다.

13) 보험약관(Clauses)

보험자가 위험을 인수할 것을 담보하는 계약의 주요조항을 말한다.

14) 보험료, 보험금, 보험가액, 보험금액

(1) 보험료(Premium)

보험계약자가 보험자에게 위험인수의 대가로 지급하는 금액이다. 사고가 발생하였다면 보험자는 보험금을 지급하지만, 사고가 발생하지 않고 물품이 목적지에 도착하였다면 보험료는 환급되지 않는다.

(2) 보험금(Claim amount)

보험자가 보험계약조건에 따라 피보험자에게 지급하는 금액이다.

(3) 보험가액(Insurable value)

보험대상인 보험목적물을 경제적으로 평가한 가치이다. 보험목적물을 경제적 가치로 평가할 수 없다면 보험계약은 성립하지 않는다.

(4) 보험금액(Insurable amount)

손해발생시 보험자가 계약에 따라 피보험자에게 보상해야 하는 최고한도액을 말한다.

15) 전부보험(Full insurance)

약정한 보험금액이 보험가액과 100% 일치하는 보험조건이다.

16) 일부보험(Under insurance)

약정한 보험금액이 보험가액에 미달하는 보험이다.

17) 초과보험(Over insurance)

약정한 보험금액이 보험가액을 초과하는 보험이다. 실손보상원칙에 따라 손실액을 초과하는 초과금액은 지급하지 않는다.

18) 공동보험(Co-insurance)

동일한 하나의 피보험목적물에 대하여 복수의 보험계약이 존재하는 보험으로 복수의 보험금액의 합계가 보험가액을 초과하지 아니한다.

19) 중복보험(Double insurance)

동일한 하나의 피보험목적물에 대하여 복수의 보험계약이 존재하는 보험으로 복수의 보험금액의 합계가 보험가액을 초과한다.

20) 보험기간과 보험계약기간

(1) 보험기간(Duration of risk)

보험자의 위험부담의 시간적 한계를 말한다. 해상보험에서는 기본적으로 창고간 약관(ware house to ware house clause)을 적용한다.

(2) 보험계약기간(Duration of the policy)

보험계약이 유효하게 지속되는 시간적 한계를 말한다. 예정보험(Floating Policy)[5] 이나 소급보험(Lost or not Lost Clause)[6]을 제외하고는 보험기간과 보험계약기간은 대체적으로 일치한다.

20) 위부(Abandonment)

전손위험이 발생하여 피보험자가 보험목적물에 관한 모든 권리를 보험자에게 양도하여야 보험금이 지급된다. 잔존목적물의 평가가치와 보험금의 지급액이 실손액을 초과하여 보험계약자에게 발생하는 초과이익을 방지하기 위한 것이다.

21) 대위(Subrogation)

보험계약자에게 보험금을 지급한 보험자가 보험목적물에 대해 피보험자가 가지는 권리 및 제3자에 대하여 가지는 권리를 취득하는 것이다. 대위는 위부와 달리 전손이나 분손을 불문하고 보상되는 일체의 손해에 대하여 적용된다.

4. 협회적하약관

협회적하약관은 영국보험자협회에서 제정한 것으로 우리나라에서 사용되는 적하보험약관은 구협회적하약관인 Lloyd' s S. G. Policy와 1982년 개정된 신협회적하약관을 1983년 3월 1일부터 병행하여 사용하고 있다.[7)]

구협회적하약관은 전위험담보(A/R), 분손담보(W/A), 분손부담보(FPA)로 신협회적하약관은 ICC(A), ICC(B), ICC(C)로 표시한다.

〈표 4-1〉 협회적하약관

협회적하약관(Institute Cargo Clause)	
구 증권(담보하는 손해의 유형에 따른 차이)	신 증권(담보위험의 종류와 수의 차이)
- F.P.A. (단독해손부담보) - W/A (분손담보) - A/R (포괄담보방식)	- I.C.C. (A) ─ 포괄담보방식 - I.C.C. (B) ─ 제1조 담보위험 (10개) - I.C.C. (C) ─ 제1조 담보위험 (7개)

5) 보험계약의 내용이 확정되지 않은 상태에서 보험계약이 성립되고 위험이 개시된 시점부터 보험자가 위험을 담보하고 보험계약자가 보험료를 청구하기로 하는 보험계약이다. 예정보험은 이미 성립된 매매계약에 의하여 운송이 예정된 화물의 선박명이 확정되지 않은 상태에서 발행하는 개별예정보험(Provisional Policy)과 매 건마다 보험계약을 체결하지 않고 미래에 거래될 화물 전부를 대상으로 보험계약을 체결하고자 하는 포괄예정보험(Open Policy)으로 나눌 수 있다.
6) 보험계약 체결시부터 그 이전의 시점으로 소급하여 보험자가 위험을 담보하는 보험이다. 예컨대 화물이 선적된 후에 보험계약이 체결된 경우에 위험이 개시되는 시점부터 보험자의 위험부담이 시작된다. 단, 보험계약 체결 전에 발생한 손해의 경우에 피보험자가 모를 경우에는 보상을 한다.
7) 보험자의 보상범위나 담보 등에 관한 근본조항에 관한 변동은 거의 없다.

5. 해상보험서류

해상보험서류에는 보험증권(insurance policy), 보험증명서(certificate of insurance) 또는 보험승낙서 등이 있고, 실무적으로 무역거래에서 통용되는 대표적인 보험서류는 보험증권이다.

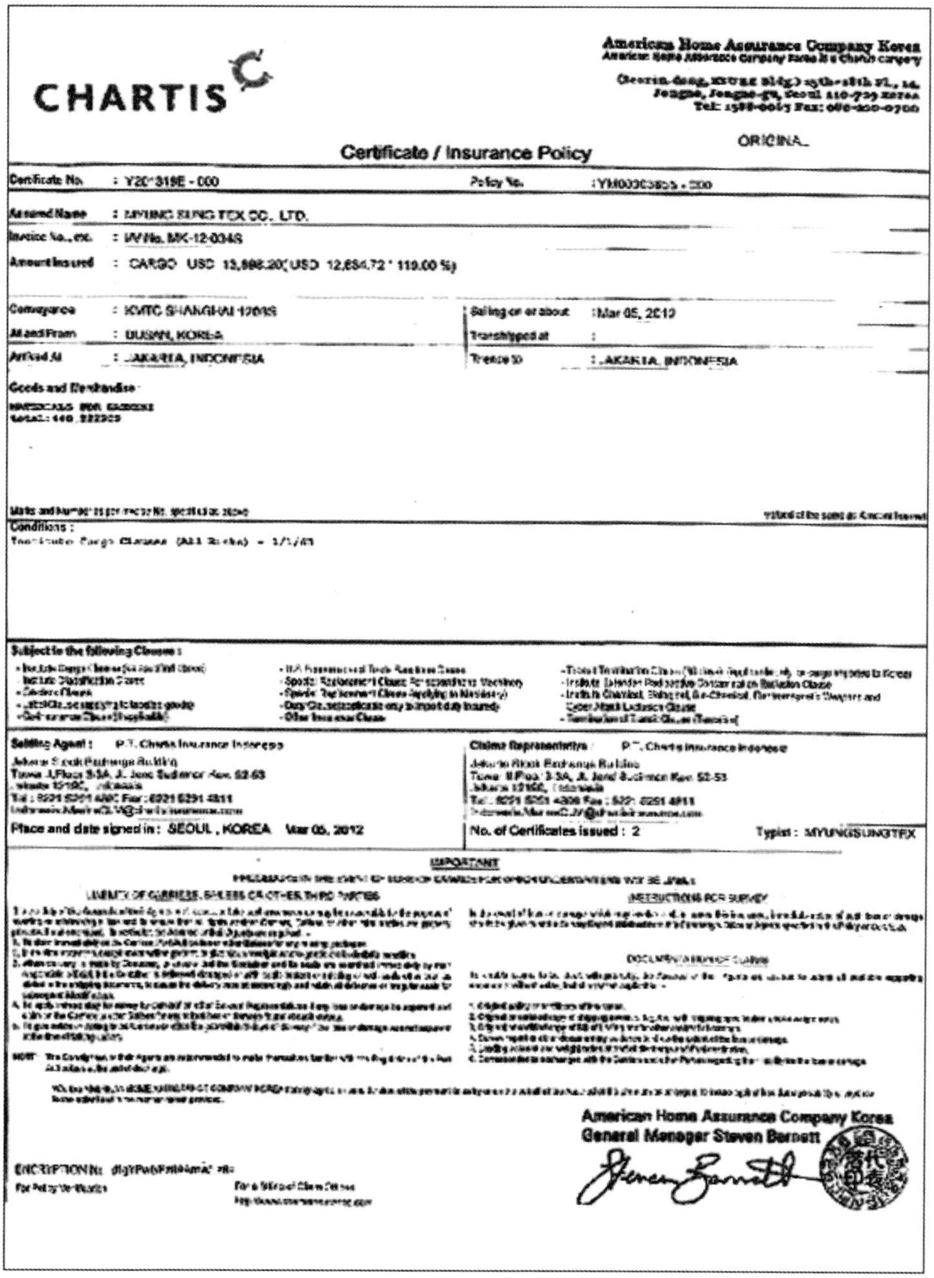
CHARTIS

American Home Assurance Company Korea

Tel: 1588-0065

Certificate / Insurance Policy

ORIGINAL

Certificate No. : Y20*319E - 000 | Policy No. : YM000...-000

Assured Name : MYUNG SUNG TEX CO., LTD.

Invoice No., etc. : INV No. MK-12-0348

Amount Insured : CARGO USD 13,888.20(USD 12,684.72 * 110.00 %)

Conveyance : KMTC SHANGHAI 1203S | Sailing on or about : Mar 05, 2012

At and From : BUSAN, KOREA | Transhipped at :

Arrived At : JAKARTA, INDONESIA | Thence to : JAKARTA, INDONESIA

Goods and Merchandise :

Conditions :

Subject to the following Clauses :

Settling Agent : P.T. Chartis Insurance Indonesia

Claims Representative : P.T. Chartis Insurance Indonesia

Place and date signed in : SEOUL, KOREA Mar 05, 2012

No. of Certificates issued : 2

Typist : MYUNGSUNGTEX

IMPORTANT

INSTRUCTIONS FOR SURVEY

American Home Assurance Company Korea

General Manager Steven Barnett

Ⅲ. 무역결제

1. 매수인의 대금지급 의무

국제상거래에서 매수인은 계약에 따라 대금을 지급하여야 하고 물품 및 선적서류를 수령 또는 인수하여야 할 의무가 있다.[8]

무역계약 체결시 고려할 사항에는 결제시기, 결제방법, 결제장소[9], 결제통화 등이 있다. 그러나 실무적으로 특히 유의하여야 할 것은 결제시기와 결제방법이다.

2. 결제시기

결제시기는 물품의 인도 또는 물품과 관련된 서류의 인도시기에 따라 선지급(payment in advance), 동시지급(concurrent payment), 후지급(deferred payment) 등으로 나눌 수 있다.

1) 선지급(payment in advance)

수출자가 계약물품을 선적 또는 인도하기 전에 수입자가 지급을 행하는 것을 말한다. 선지급은 물품을 선적 또는 인도하기 전에 대금을 지급받는 수출자에게 유리하고, 물품을 인도하기 전에 대금을 지급하는 수입자에게 불리하다.

선지급방식에는 주문시지급(cash with order: CWO), 사전송금(advance remittance)[10], 전대신용장(red clause credit or packing credit) 등이 있다.

---

8) The Buyer must pay the price for the goods and take delivery of them as required by the contract and this convention(CISG 제53조).

9) 결제장소는 별도의 항의가 없으면 매도인의 영업소에서 이루어지면 되고 결제통화의 경우는 대부분의 계약서에서 명시적으로 약정하게 된다.

10) 사전송금방식의 예는 다음과 같다. T/T in advance within before shipment in favor of seller, T/T in advance within 30 days after the date of sales contract, T/T remittance after receiving firm offer sheet, T/T in advance within 30days after the date of sales contract.

2) 동시지급(concurrent payment)

수출자가 계약물품을 선적(인도) 또는 물품을 선적한 후에 선적서류(shipping documents)의 인도와 동시에 수입자에게 대금을 지급하는 것을 말한다.

동시지급에는 현물상환도(cash on delivery: COD), 서류상환도(cash against document: CAD)[11)12)], 지급도(document against payment: D/P), 일람불신용장(at sight L/C) 등이 있다.

3) 후지급(deferred payment)

수출자에 의하여 계약물품을 선적(인도) 또는 선적서류의 인도 후 일정기간이 경과한 다음에 수입자가 대금을 지급하는 외상거래이다. 후지급은 수출자에게 불리하고 수입자에게 유리하다.

후지급방식에는 사후송금[13)], 인수도(document against acceptance: D/A)[14)], 기한부신용장(usance credit) 등이 있다.[15)]

3. 결제방법

대금결제방식은 송금(remittance), 추심(collection), 신용장(Letter of credit) 등으로 나눌 수 있다.

---

11) 이 방식들은 물품의 인도장소에 따라서 수입자가 수출지에 있는 자신의 본 · 지점에 미리 대금을 송금하여 두었다가 수출자가 선적하고 선적서류를 제공하면 대금을 지급하거나, 수출자가 선적이 수입지에 물품을 운송하여 수입자에게 물품 또는 서류를 인도하면 수입자가 수출자 또는 수출자의 대리인에게 지급하는 방법이다.

12) CAD 방식은 유럽식 D/P방식이라고 한다. 두 거래의 근본적인 차이점은 수출대금결제시 환어음을 발행하는지 여부에 있는데 D/P거래는 어음결제방식으로서 환어음을 발행하여 추심에 관한 통일규칙에 의거하여 화환추심(화환어음을 첨부한 환어음)으로 대금을 결제하고, CAD 거래는 송금방식으로서 수입자는 운송서류를 영수한 후 은행을 통하여 물품대금을 송금하여 대금결제를 한다.

13) 사후송금방식의 예는 다음과 같다. Buyer shall remit by T/T payment within 30days after the shipment, Buyer shall remit by T/T within 30days after the date of arrival at buyer' s warehouse, T/T within 30days after bill of lading date.

14) 인수도방식의 예는 다음과 같다. at 30 days after sight, at 30 days after B/L date.

15) 기한부신용장의 예는 다음과 같다. at 30 days after sight to be opened in favour of seller.

1) 송금(remittance)

(1) 의의

송금방식은 무역계약을 체결한 수입자가 수출자에 대하여 대금지급을 직접 현금으로 송부하지 않고 은행의 환거래(exchange transaction)를 통하여 송금하는 방식이다.

(2) 송금시기

① 사전송금
수출자가 물품을 선적하기 전에 수입자가 그 결제대금의 전액을 송금하는 것이다.

② 동시송금
수출자가 물품 또는 선적서류를 인도한 후 바로 수입자가 스스로 대금을 송금하는 방식이다.

③ 사후송금
수출자가 물품 또는 선적서류를 인도한 후 일정기간이 지난 후에 수입자 스스로 대금을 송금하는 방식이다.

(3) 송금수단

① 송금수표(demand draft: D/D)
은행이 송금수표를 발행하여 송금인에게 교부하고, 송금인은 수취인에게 이를 보내면, 수취인이 이를 지급은행에 제시하여 대금을 찾는 방법이다.

② 우편송금(mail transfer: M/T) 및 전신환송금(telegraphic transfer: T/T)
채무자(송금인)가 국내의 외국환은행에 소정의 금액을 수납하고, 그 외국환은행은 해외의 본 · 지점 또는 환거래은행(correspondent bank)[16]에 대하여 특정 수취인(payee)에게 일정한 금액을 지급하여 줄 것을 위탁하는 지급지시서(payment order)를 발행하여, 이를 직접 우편 또는 전신으로 송달하는 방법이다.

---

16) 은행의 환거래란 환거래은행(correspondent bank, corres bank)이란 송금, 무역상거래, 자본거래 등 외국과 거래시 거래당사자간의 대금의 지급, 추심 등을 거래당사자의 국가에 소재하는 거래은행을 통하여 할 수 있도록 은행간에 관련업무의 취급을 위한 약정을 체결한다. 이와 같은 약정을 은행간의 환거래약정이라고 한다.

* O/A: open account(선적통지부 사후송금방식, 외상수출채권방식, 무서류매입방식)

O/A 방식은 수출자가 물품을 선적한 후 선화증권 · 상업송장 등의 선적서류를 직접 수입자에게 발송하되 수출채권을 은행에 매각하여 현금화하는 방식이다.

O/A 방식은 선적서류 등이 은행을 경유하지 않는다는 점에서 추심이나 신용장과 다르며, 수출채권을 미리 은행에 네고(Nego)할 수 있다는 점과 전도금융을 제공받는 점에서는 사후송금방식과 다르다.

* 상호계산(offsetting, netting)방식

본지사 간 또는 고정거래선과 수출입 · 자본 · 용역거래 등으로 채권 · 채무가 빈번히 발생할 경우에 지정거래 외국환은행에 공동의 계정을 두고 서로 상쇄하고 남은 차액만을 결제하는 방식을 말한다. 상호계산은 외환거래 때 부대비용 절감효과가 커서 선진국에서는 보편화된 결제방식이다. 하지만 우리나라에서는 제한적으로 허용되고 있다.

2) 추심(collection)

(1) 의의

추심은 수입자가 거래은행(collecting bank)의 지급확약 없이 단지 수입자와 수출자 간의 매매계약에 따라 수입자의 신용을 바탕으로 은행을 통하여 선적서류(shipping documents: S/D)와 상환으로 대금의 결제가 이루어지는 방식이다.

(2) 특징

① 장점

i) 수출자의 신용공여로 거래가 이루어지므로 수입자에게 아무런 부담이 없다.

ii) 화환신용장보다 수입자가 선호하는 대금결제방식으로 같은 품질 및 가격의 물품이라면 수입자는 화환신용장보다는 추심의 대금결제조건을 제시하는 수출자와 계약을 체결할 가능성이 높아서 수출자는 수출경쟁 수단으로 활용할 수 있다.

iii) 실무상 일정한 자격요건을 갖춘 수출자는 화환신용장거래와 같이 선적 후 즉시 수출대금을 회수할 수도 있다.

iv) 자신의 귀책사유가 없으면 수출신용보험제도(Export Credit Insurance)를 통하여 추심거래에 따른 대금지급 거절로 인한 신용위험을 회피할 수도 있다.[17)]

② 단점

i) 신용장방식에 비하여 수출자에게 신용위험이 발생할 가능성이 높다.

ii) 추심방식에서 추심의뢰은행(remitting bank)이나 추심은행(collecting bank)은 오직 선의의 당사자로서 수출자의 추심대리인에 불과하다.

iii) 추심방식은 모든 어음행위는 준거법으로서 URC보다는 상업어음 거래약정, 행위지의 국내법에 구속받기 때문에 추심당사자간에 분쟁이 야기되면 해결에 어려움이 따를 수 있다.

iv) 신용장의 경우에는 독립 · 추상성의 원칙에 따라 수입자는 개설은행이 신용장조건과 일치하는 서류의 인수를 거절할 수 없지만, 추심의 경우에는 일치된 서류를 제시하여도 수입자가 제시한 환어음과 관련서류의 인수를 거절할 수 있다.

(3) 거래절차

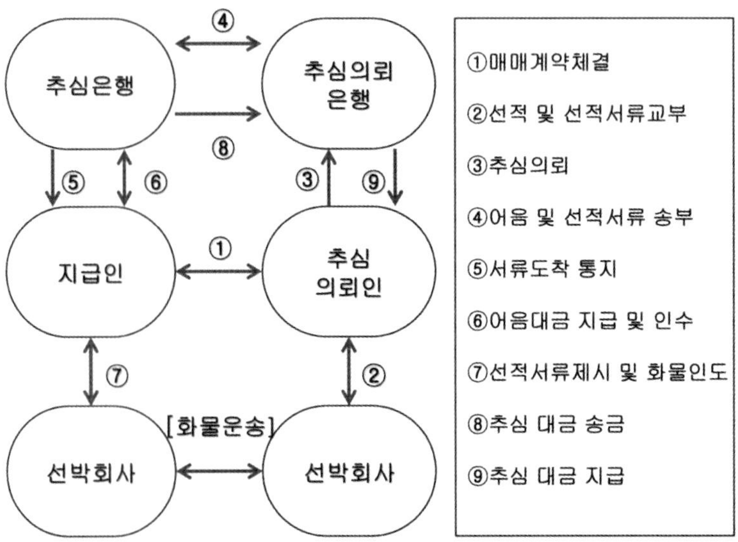

17) 이때 수출자는 추심으로 수출하여도 신용장방식과 동일한 금융혜택을 누릴 수 있다.

(4) 방식

① 지급도(document against payment: D/P)
환어음의 지급인이 어음지급을 하여야 추심은행이 선적서류를 인도하는 방식이다.

② 인수도(dcument against acceptance: D/A)
환어음의 지급인이 어음인수를 하면서 선적서류를 인도해 주고 어음의 만기에 어음대금을 지급하는 방식이다.

3) 신용장(letter of credit)

(1) 의의

신용장이란 "그 명칭과 상관없이 개설은행(issuing bank)이 일치하는 제시(complying presentation)[18]에 대하여 결제(honour)[19]하겠다는 확약(confirmation)으로서 취소가 불가능한 모든 약정을 의미한다."라고 규정한다.[20]

(2) 특징

① 독립성의 원칙(the principle of independent or abstraction)
신용장은 매매계약 또는 다른 계약을 근거를 두고 있더라도 이와는 별개의 거래이다.[21]

---

18) 참고로 영문은 다음과 같다.
complying presentation means a presentation that is in accordance with the terms and conditions of the credit, the applicable provisions of these rules and international standard banking practice(UCP 600 제2조).

19) 참고로 영문은 다음과 같다.
honour means:
a. to pay at sight if the credit is available by sight payment.
b. to incur a deferred payment undertaking and pay at maturity if the credit is available by deferred payment.
c. to accept a bill of exchange ("draft") drawn by the beneficiary and pay at maturity if the credit is available by acceptance(UCP 600 Article 2).

20) UCP 600 제2조.

21) UCP 600 제4조.

② 추상성의 원칙(the principle of abstraction)

신용장거래의 모든 당사자들은 서류에 의한 거래를 하는 것이지 물품, 서비스 기타 계약에 의한 거래를 하는 것이 아니다.[22)]

③ 한계성(limitation)

신용장거래의 독립 · 추상성 원칙은 대금결제를 원활하게 하기 위하여 불가피한 것이다. 하지만 무역거래를 완벽하게 보장할 수 없는 한계성을 가진다.

- 수입자의 입장에서는 신용장이 물품의 품질을 보장할 수 없다.
- 수출자의 입장에서는 계약조건에 일치하는 물품을 제공하여도 서류의 하자로 인하여 수입자가 지급거절 또는 가격인하를 요구할 수 있다.

(3) 장 · 단점

장점
- 대금회수가 은행으로부터 보장 ⇒ 지급불능이나 지급거절을 염려할 필요가 없음 - 은행의 지급확약 ⇒ 담보로 금융상의 혜택을 받을 수 있는 금융기능 수행 - 이미 발생된 신용장에 대하여는 지금 규제를 하지 않기 때문에 비상위험을 회피할 수 있다. - 당사자 일방에 의하여 취소 또는 변경될 위험이 없음 ⇒ 안정성
단점
- 독립성, 추상성의 원칙의 본질적인 한계성 ⇒ 서류만을 근거로 모든 것이 판단 - 신용장에서 요구하고 있는 서류를 제대로 구비하여 제시하지 못하면, 서류상의 불일치를 이유로 대금이 지급되지 못하는 경우가 발생 - 본선이 도착하여도 선적서류가 도착하지 않으므로 화물 수령에 지장 발생 ⇒ 선화증권의 위기[Bill of Landing Crisis]

(4) 신용장거래의 당사자

신용장거래의 당사자는 신용장거래에 따라 직접적 권리와 의무를 부담하는 기본 당사자와 신용장거래의 원활화를 위해 간접적으로 참여하는 기타 당사자로 나눌 수 있다.

22) UCP 600 제5조.

① 기본당사자

i) 개설의뢰인(applicant)

매매계약에 따라 신용장 개설의무를 부담하고 자신의 거래은행에 수출자를 수익자로 하는 신용장 발행을 의뢰하는 자이다.

ii) 개설은행(issuing bank)

개설의뢰인의 요청과 지시에 따라 수익자 앞으로 신용장을 개설하는 은행이다.

iii) 수익자(beneficiary)

신용장에 의하여 권리와 이익을 획득하는 자이다.

iv) 확인은행(confirming bank)

제3의 은행이 개설은행의 요청에 의하여 개설은행과 동일한 확약을 하는 것이다.

② 기타 당사자

i) 통지은행(advising bank)

통지은행이란 수입지의 개설은행이 신용장의 개설이나 이미 발행된 신용장의 취소 및 조건변경을 직접 또는 수출지의 은행을 통하여 수익자에게 통지하는 은행이다.

ii) 지급은행(paying bank)

지급신용장에 의거 단순히 서류의 제시에 대하여 전액의 대금을 지급하는 은행이다. 지급은행은 개설은행으로부터 수권받아 지급을 행하고 그 지급대금은 개설은행 또는 지정된 상환은행에게 지급을 통지하여 즉시 상환을 받는다.

iii) 매입은행(negotiating bank)

매입신용장에 의거하여 수익자가 발행한 환어음인 서류를 매입하는 은행이다.

iv) 인수은행(accepting bank)

인수신용장에 의거하여 수익자가 기한부어음을 발행하여 제시할 때에 이를 인수하는 은행이다.

v) 상환은행(reimbursing bank)

신용장에 의거하여 지급, 인수 또는 매입을 행한 지정은행(상환청구은행)에게 개설은행의 수권에 의하여 결제하는 은행이다. 상환은행은 상환청구은행에게 대금을 결제하는 은행이기 때문에 결제은행(settling bank)이라고도 한다.

(5) 신용장 거래절차

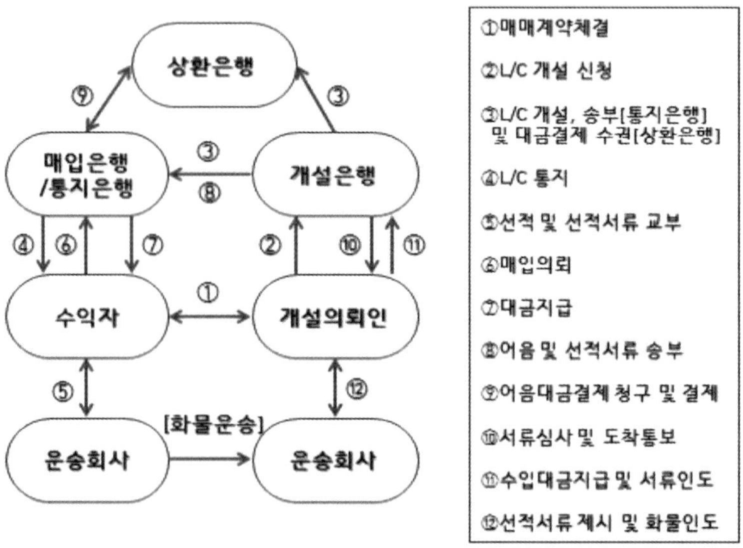

4. 화환신용장 개설신청서 작성요령 및 SWIFT Credit 개설사례[23)]

취소불능화환신용장개설신청서

(APPLICATION FOR IRREVOCABLE DOCUMENTARY CREDIT)

AT SIGHT L/C 및 내국수입 USANCE
지 급 보 증 용

SWIFT Code :
Mailing Address :
Telex Number :
To :
Dear Sirs :

We request you to establish by ☐ cable ☐ air mail an Irrevocable Credit on the following terms and conditions

Advising Bank
Cable Address Date
Credit Number
①Applicant
②Beneficiary
③Amount
④Expiry Date
⑤Tenor of Draft ×××× At ×××× Sight For 100 % of invoice value
Documents(please indicate by placing x Mark in applicable box)

⑥☐ **full set of clean on board ocean bills of lading,** made out to the order of the ABC Bank of Korea Ltd.. marked "**Freight** ________" and "Notify accountee"

⑦☐ **Marine Insurance policy or certificate in duplicate**, endorsed in blank for % of the invoice value. Insurance polices or certificates must expressly stipulate that claims are payable in the currency of the drafts and policies or certificates must also indicate a claim settling agent in Korea. Insurance must include: Institute Cargo Clauses : ________

⑧☐ **Signed commercial invoice in**

⑨☐ **Packing list in**

⑩☐ **Other document(s) (if any)**

⑪Description of goods and/or service

Name of Commodity	Quantity	Unit Price	Amount
Country of Origin			

⑫Shipment from to Latest

⑬ Partial shipments are Transhipment is

⑭ Documents must be presented within ____days after the date of issuance of B/L or other transportation documents.
⑮ Special condition(s) : All banking charges including postage, advising and payment commission outside Korea are for account of ____ __________Shipment by ________

위와 같이 신용장발행은 신청함에 있어서 위 기재사항이 수입허가(승인)사항과 틀림없음을 확인하고 따로 제출한 수입거래약정서의 각 조항에 따를 것을 확약하며 아울러 위 수입화물에 관한 모든 권리를 귀행에 양도하겠습니다.

인감대조

Except so far as otherwise expressly stated, this credit is subject to the : Uniform Customs and Practice for Documentary Credits : (2007Revision) International Chamber of Commerce, Publication NO. 600

신청인 인
주 소

지급보증확인	Checked By	Approved By

계	대 리	차 장	부 점 장

23) 무역결제서류는 무역협회 홈페이지(www.kita.or.kr)를 참조하였다.

1) 화환신용장 개설신청서 작성요령

① Applicant: 수입자의 명칭과 주소를 기재한다.

② Beneficiary: 수출자의 명칭과 주소를 기재한다.

③ Amount: 신용장의 한도금액을 기재한다.

④ Expiry Date: 신용장의 유효기일을 기재한다.

⑤ Tenor of Draft: 환어음의 조건, For: 환어음의 금액을 기재한다.

⑥ Transportation Documents

- 수화인(Consignee)은 지시식의 경우에는 "to the order of issuing bank"라고 기재하고, 기명식의 경우에는 수화인의 명칭을 기재한다.
- 운임은 후지급은 "Collect", 선지급은 "Prepaid"로 기재한다.
- Notify party는 대부분의 경우에 수입자를 기재한다. 외국인수수입의 경우에는 제3자를 기재할 수도 있다.

⑦ Insurance Documents: 보험조건은 매매계약서상에 약정한 대로 기재한다.

⑧~⑨ Commercial Invoice/Packing List

수입자가 필요한 서류의 통수와 요건을 기재한다.

⑩ Other Documents: 추가적으로 필요한 조건이 있으면 기재한다.

⑪ Description of goods and/or service

계약서상의 물품의 명세를 기재한다. 기재할 물품의 명세가 과다할 경우에는 다음과 같이 기재하면 된다.

ex) 10,000 set of blue pants and Other items.

Details are per Sales Contract No 123 of Oct 27, 20xx issued by Kim & Park Trading Corporation

⑫ Shipment From/Shipment To/Latest: 선적지와 목적지 및 최종선적기일을 기재한다.

⑬ Partial Shipment/Transhipment: 분할선적 및 환적의 허용여부를 기재한다.

⑭ Period for presentation: 수출자가 신용장 대금 회수를 위하여 서류를 제시하여야 하는 기일을 기재한다.

⑮ Special condition(s): 확인은행 및 수수료 부담자를 기재하고 그 외 지정 선박이 있을 경우 그 선박명을 기재한다.

2) SWIFT Credit 개설사례

(1) 신용장 발행을 위한 SWIFT Message Type

(MT700 Issue of Documentary Credit)

M/O	Tag	Field Name	Content/Options
M	27	Sequence of Total	1n/1n
M	40A	Form of Documentary Credit	24x
M	20	Documentary Credit Number	16x
O	23	Reference to Pre-Advice	16x
O	31C	Date of Issue	6n
M	31D	Date and Place of Expiry	6n29x
O	51a	Applicant Bank	A or D
M	50	Applicant	4*35x
M	59	Beneficiary	[/34x]4*35x
M	32B	Currency Code, Amount	3a 15number
O	39A	Percentage Credit Amount Toterance	2n/2n
O	39B	Maximum Credit Amount	13x
O	39C	Additional Amounts Covered	4*35x
M	41a	Available with … By …	A or D
O	42C	Draft at…	3*35x
O	42a	Drawee	A or D
O	42M	Mixed Payment Details	4*35x
O	42P	Deferred Payment Details	4*35x
O	43P	Partial Shipment	1*35x
O	43T	Transshipment	1*35x
O	44A	Loading on Board/Dispatch/Taking in Charge at/from…	1*65x
O	44B	For Transportion to…	1*65x
O	44C	Latest Date of Shipment	6n
O	44D	Shipment Period	6*65x
O	45A	Description of Goods and/or Services	50*65x
O	46A	Documents Required	50*65x
O	47A	Additional Conditions	50*65x
O	71B	Charges	6*35x
O	48	Period for Presentation	4*35x
M	49	Confirmation instructions	7x
O	53a	Reimbursement Bank	A or D
O	78	instructions to the Paying/Accepting/Negotiating Bank	12*65x
O	57a	"Advise Through" Bank	A, B or D
O	72	Sender to Receiver Information	6*35x

(2) SWIFT Credit 개설사례

Application header block :	
: Input/Output Identifer	: I Outgoing Message
: Transaction Typer	: 700 issue of a documentary credit
: Transaction Prioity	: n Normal
: From	: ABC BANK, SEOUL
: To	: XYZ BANK HONG KONG BRANCH, HONG KONG

Text Block :	
/27 : sequence of total	: 1/1
/40A : form of documentary credit	: IRREVOCABLE
/20 : documentary credit number	: M1234 606NS00018
/31C : date of issue	: 20XX/06/24
/31D : date and place of expiry	: 20XX/08/20 HONG KONG
/50 : applicant	: KOREA CO., LTD. 159-1SAMSUNGDONG KANGNAMGU, SEOUL, KOREA
/59 : beneficiary	: CHINA CO., LTD. RM 1000 CHAI WAN IND. CITY PHASE 1, 60 WING TAIRO, CHAIWAN H.K.
/32B : currency code amount	: USD 119,000.00
/39A : pct credit amount toterance	: 10/10
/41D : available with by name, address	: ANY BANK BY NEGOTIATION
/42C : drafts at	: AT SIGHT
/42A : drawee	: HONG KONG BANK LTD., HONG KONG(ADDR 2007, JAR HOUSE 1 CON PLACE, CENTRAL, HONG KONG)
/43P : partial shipment	: ALLOWED
/43T : transshipment	: NOT ALLOWED
/44A : on board/Disp/taking charge	: SHIDAO, CHINA
/44B : for transportion to	: BUSAN, KOREA
/44C : latest date of shipment	: 20XX/09/1
/45A : description goods and/or services 700PAIRS OF CHINESE GIANT BEAR TOY SIZE : MIN 1.5 METERS AT USD170.00 FOB SHIDAO.CHINA	
/46A : documents required +SIGNED COMMERCIAL INVOICE IN TRIPLICATE +PACKING LIST IN TRIPLICATE +FULL SET OF CLEAN ON BOARD OCEAN BILL OF LANDING MADE OUT TO	

THE ORDER OF
XYZ BANK MARKED FREIGHT COLLECT AND NOTIFY APPLICANT
+CERTIFICATE OF ORIGIN

/47A : additional conditions
ALL DOCUMENTS MUST BEAR OUR CREDIT NUMBER M1234 606NS00018
T/T REIMBURSEMENT NOT ALLOWED
OUANTITY 10PCT MORE OR LESS ALLOWED
+THIRD PARTY DOCUMENTS ACCEPTABLE

/71B : charges : ALL BANKING COMMISSIONS AND CHARGES INCLUDING REIMBURSEMENT
CHARGES OUTSIDE KOREA ARE FOR ACCOUNT OF BENEFICIARY

/49 : confirmation instructions : WITHOUT

/53A : reimbursement bank : HONG KONG BANK LTD., HONG KONG(ADDR 2010, JAR HOUSE 1 CON PLACE, CENTRAL, HONG KONG)

/78 : instructions to the pay/acc/neg bk
DRAFTS MUST BE SENT TO DRAWEE BANK FOR YOUR REMBURSEMENT
AND ALL DOCUMENTS TO US BY COURIER SERVICE IN ONE LOT

/72 : sender to receiver information : THIS CREDIT IS SUBJECT TO UCP(2007 REVISION)
ICC PUBLICATION NO. 600

5. Bill of Exchange 작성요령 및 사례

① NO. ______________ ② **BILL OF EXCHANGE** ③ KOREA ____________
④ FOR ____
AT ⑤ _____________ Sight OF THIS ⑥ **ORIGINAL** BILL OF EXCHANGE
(SECOND OF THE SAME TENOR AND DATE BEING SIGHT UNPAID)
PAY TO ⑦ xxxBANK OR ORDER ⑧ THE SUM OF __________________
⑨ VALUE RECEIVED AND CHARGE THE SAME TO ACCOUNT OF _____
⑩ DRAWN UNDER ________ ⑪ L/C NO. ________ ⑫ DATED _________
⑬ TO __________________________ ⑭ _____________________________

1) 작성요령

환어음은 국제상거래에서 채권자가 채무자에게 채권액을 기명인 또는 소지인에게 일정한 기일 및 장소에서 무조건 지급할 것을 위탁하는 요식의 유가증권이다.

환어음은 기재시 무조건지급위탁문언(unconditional order in writing), 지급인(drawee), 지급기일, 수취인, 발행일 및 발행지, 발행인의 서명날인은 반드시 기재하여야 하는 필수기재사항이고 환어음번호, 신용장 및 계약서번호, 환어음 발행매수의 표시는 임의기재사항이 된다.

① No.: 환어음 번호를 기재한다.
② Bill of Exchange: 환어음의 명칭을 표기한다.
③ Place and date: 환어음의 발행지 및 일자를 기재한다.
④ For: 환어음의 금액을 기재한다.
⑤ At sight: 일람불은 At sight, 기한부는 at xxx days after sight라고 기재한다.
⑥ Original/Second: 환어음은 두 장이 한 세트로 발행되고, 첫 번째 환어음에 의해서 결제가 이루어지면 나머지 한 장은 무효가 된다.
⑦ xxx BANK: 환어음의 지급을 받는 자를 기재한다.
⑧ The sum of: 환어음 금액을 문자로 표시한다.
⑨ Value received and Charge the same to account of: 당해 환어음이 지급인

에 의하여 결제되면 그 자금은 "Account of~" 이하에 기재된 자로부터 차기하라는 의미이다.

⑩ Drawn under: 신용장방식은 개설은행을 기재하고, 계약서방식의 경우에는 공란 또는 지정은행을 기재한다.

⑪ L/C No.: 신용장번호를 기재하고, 계약서방식의 경우에는 계약서번호를 기재한다.

⑫ Date: 신용장 발행일자를 기재하고, 계약서방식의 경우에는 계약서 발행일자를 기재한다.

⑬ To: 지급지와 장소를 기재한다.

⑭ Issuer: 환어음은 신용장방식의 경우에는 수익자가, 계약서방식은 수출자가 발행한다.

2) 작성사례

BILL OF EXCHANGE

NO. 123456 MAY 10, 20XX SEOUL, KOREA

FOR US$53,000.－

AT ××××× SIGHT OF THIS **ORIGINAL** BILL OF EXCHANGE(SECOND OF THE SAME TENOR AND DATE BEING UNPAID)
PAY TO KOREA BANK OR ORDER THE SUM OF SAY US DOLLARS FIFTY THREE THOUSAND ONLY ;

VALUE RECEIVED AND CHARGE THE SAME TO ACCOUNT OF ABC CO., LTD.

DRAWN UNDER THE JANPAN BANK, LTD. HEAD OFFICE TOKYO, JAPAN
L/C NO. X-1234 DATED MAY 1, 20XX
TO JAPAN BANK, LTD. HEADOFFICE, TOKYO

H&J CO., LTD
S. M. BAE

생각해 보기

1. FCL과 LCL 화물의 차이는 무엇입니까?

2. 국제무역운송에서 컨테이너 운송의 효용성은 무엇입니까?

3. 물품인도의 증거로서 선화증권을 제시하는 이유는 무엇입니까?

4. 한국과 주요 수출 상대국으로 운임을 알고 싶다면 어떻게 조사해야 합니까?

5. 해상보험계약의 증거로 제시해야 할 서류는 무엇입니까?

6. 해상보험증권을 수령하였을 때 가장 먼저 확인해야 할 내용은 무엇입니까?

7. 국제무역거래에서 가장 안전한 대금결제방식은 무엇입니까?

8. 화환신용장 거래방식의 절차에 대하여 설명해 봅시다.

9. 화환신용장 거래에서 주요 거래당사자에 대하여 설명해 봅시다.

10. 추심거래방식과 화환신용장 거래방식의 차이는 무엇입니까?

제4장

무역거래의 사후관리

Ⅰ. 무역클레임

1. 무역클레임의 개념

무역거래에서 클레임(claim)이란 매매당사자간의 어느 일방이 매매계약내용을 불이행함으로써 상대방에게 손해를 입힌 경우 손해를 입은 당사자가 상대방에 대하여 손해배상을 청구하는 것이다. 단순한 불평이나 불만도 클레임으로서의 요건을 갖추어 구체성을 가지게 되면 정식의 클레임으로 될 수 있기 때문에 거래상대방의 불평, 불만에도 항상 주의를 기울여야 한다.

무역클레임은 매매당사자 중에 피해자(claimant)가 가해자(claimee)에게 제기하게 된다. 대부분의 무역클레임은 수입자가 수출자에게 계약불이행, 물품의 하자, 선적지연 등의 사유로 클레임을 제기하게 된다. 반면에 수출자가 수입자에게 제기하는 클레임은 무역대금결제와 관련된 것이 대부분이다.

2. 무역클레임의 발생원인

1) 직접적 원인

첫째, 계약체결과정에서 클레임이 발생하는 경우이다. 무역계약의 성립은 무역거래자의 청약과 승낙에 의하여 성립한다. 조건부 청약은 계약의 성립이 피청약자의 승낙에 대하여 청약자의 동의가 있어야 하므로 당사자 사이에 의견이 다른 경우 무역클레임이 발생할 수 있다.

둘째, 계약서 내용의 불충분으로 인하여 클레임이 발생한다. 무역 계약서에 일반적으로 다루는 품질, 수량, 가격, 선적, 지급, 보험, 포장 등 명시조건들을 명확히 표시하여야 한다. 이러한 조건 합의가 불명확할 경우에는 분쟁이 발생할 가능성이 높아진다. 그 외 협상과정에서 당사자간의 과실, 부주의 및 문서의 해석상의 차이에 의하여 발생할 수도 있다.

셋째, 계약의 이행과정에서 클레임이 발생한다. 수출자의 선적지연, 품질하자, 포장하자, 지급지연과 수입자의 신용장 개설지연 등이 있다.

2) 간접적 원인

첫째, 표현의 차이로 인하여 발생하는 경우이다. 일반적으로 무역거래 영어를 사용하지만 용어해석의 차이로 인하여 클레임이 발생할 수 있다.

둘째, 상관습의 상이로 인하여 발생하는 경우이다. 국제무역 상관습에 관한 통일된 이해가 부족한 경우 어느 내용을 적용할지에 대하여 분쟁이 발생할 수 있다.

셋째, 상대방에 대한 신용조사가 부족한 경우이다. 신용조사를 소홀히 한 경우에 계획적인 사고로 이어질 수 있다.

넷째, 국가마다 도량형의 상이로 인하여 발생하는 경우이다.

3. 무역클레임의 종류

1) 일반적 클레임

일반적 클레임이란 거래를 수행하는 과정에서 거래의 불만족으로 발생하는 클레임이다. 매매당사자 중 어느 한쪽의 과실 또는 태만으로 발생할 수도 있고, 제3자에 의해서 시작된다.

클레임의 발생원인이 제조자, 공급자, 운송업자 등의 잘못인 경우에는 해당 클레임의 원인을 확인하여 손해배상을 청구할 수 있다.

2) 의도적 클레임

의도적 클레임이란 매수인이 처음부터 교묘한 계획으로 매도인에게 손실을 끼칠 가능성을 포함한 클레임을 말하는 것으로 market 클레임이라고도 한다.

market 클레임은 매수인의 손해가 경미하여 평소 같으면 문제가 되지 않을 정도의 적은 과실을 이유로 제기하는 클레임을 말한다. 이러한 종류의 클레임은 상담의 성립 후에 시가가 하락하는 경우 무역도덕심이 낮은 매수인에 의해서 가끔 남용되고 있다.

4. 무역클레임의 실태

클레임이 발생하는 실태를 살펴보면, 품질불량으로 인해서 클레임이 제기되는 경우가 많으며, 금액면에서는 계약불이행으로 인해서 제기되는 클레임이 품질불량보다 높은 비율을 차지하고 있다. 이러한 클레임은 규모면에서도 대형화되는 추세를 보이고 있다. 무역클레임의 실태를 살펴보면 〈표 4-1〉과 같다.

〈표 4-1〉 무역클레임의 실태

원인	유형
품질	품질불량(inferior quality), 품질상이(different quality), 규격상이(different specification), 등급저하(inferior grade), 손상(damage), 변질(deterioration) 및 변색(discoloration) 등
수량	적화부족(short shipment), 착화부족(short landing), 중량부족(under weight), 감량(diminution) 등
가격	초과지급(over payment), 대금미지급(non-payment), 수선비(repairing charge), 재포장비(repacking charge), 벌과금(penalty)
운송 및 인도	선적지연(delayed shipment), 선적불이행(non-shipment), 하역불량(bad handing), 선적불량(bad stowage), 환적(transshipment), 분실(missing) 및 유실(drifting away), 도난(pilferage) 등
포장	포장불량(inferior packing), 포장불충분(insufficient packing), 불완전포장(incomplete packing) 등
서류	송장과오(error in invoice), 기재사항상이(misdescription), 서류불충분(lack of documents) 등
기타	신용장개설지연(delayed issue of L/C), 계약불이행(breach of contract), 계약취소(cancellation of contract) 등

5. 무역클레임의 제기

1) 클레임의 제기와 청구내용

(1) 클레임의 제기

클레임을 제기하고자 한다면 먼저 규정된 기일 내에 클레임 통지(claim notice)를 상대방에게 발송하고, 증거서류를 제시하여 클레임의 정당성을 입증하여야 한다.

만약 클레임의 제기기간이 명시되어 있지 않으면 즉시(at once) 또는 상품의 특성과 업종을 고려한 합리적인 기간 내에(within a reasonable time)[1] 클레임을 제기하여야 한다.

(2) 클레임의 청구내용

클레임의 청구내용을 최대한 자세하게 클레임진술서에 표시하고, 그 손해를 입증하기 위하여 검사보고서를 첨부하여 클레임을 청구한다.

클레임의 청구내용은 대체품 또는 추가발송 요구, 대금의 감액 또는 반환요구, 손해배상금의 지급(창고료, 통신료, 운송료 등 제비용 또는 예상이익 포함)요구, 다음 거래에서 가격을 할인해줄 것을 요구하도록 한다.

그러나 계약을 이행하지 못할 정도로 심각한 정도의 계약위반이라면 계약의 해제를 선언하기도 한다.

2) 클레임의 처리

(1) 클레임 내용의 검토

상대방으로부터 클레임 통지를 받았을 때는 먼저 클레임 제기시기의 정당성, 클레임에 대한 내용과 요구사항의 파악, 요구의 정당성과 강도를 측정한다.

만약 클레임이 마켓 클레임, 또는 의도적 악성클레임의 경우에는 클레임 요구를 거부하고, 그 내용이 신빙성이 있는 경우 그 발생 원인을 정확하게 규명한다.

---

1) UN통일매매법하에서 합리적 기간은 매수인이 물품을 실제로 인도받은 일로부터 2년을 초과하지 못한다고 규정하고 있다(제38조 제1항, 제39조 제2항).

(2) 제3자의 원인

만약 클레임의 원인이 운송과정에 있다고 판명되면 그 운송회사에 직접 배상을 청구하거나 보험회사와 그 배상액에 대해서 협의, 조정하여 해결한다.

일단 보험회사가 관계된 경우에는 매도자는 FOB 거래이든 CIF 거래이든 관계없이 제반서류를 매입자에게 송부하여 보험회사와 매입자 간의 합의 및 해결을 하도록 하여야 한다.

(3) 매매당사자의 원인

클레임의 원인이 매도인과 매수인 모두에게 원인되는 것이라면 서로 양해가 될 수 있는 선에서 합의하여 해결하도록 한다.

조사결과 클레임의 원인이 매도인에게 있다면 상황을 자세히 설명하고 손해액에 대한 보상방안을 제시하도록 한다.

당사자간의 해결방법에는 경고(warning), 청구권의 포기(waiver of claim) 또는 화해(amicable settlement; compromise) 등이 있다.

3) 무역클레임의 예방

(1) 신의성실과 권리남용금지의 원칙

상거래는 상호 간의 신뢰를 기초로 하여 성립한다. 무역거래에서도 신용을 바탕으로 하는 거래이므로 그 이념은 변함이 없도록 성의를 다하여 노력하는 데 있다. 이를 신의성실의 원칙이라고 한다.

또 권리남용금지의 원칙도 있다. 권리의 남용은 마켓 클레임과 같이 상대방에게 손해를 줄 목적으로 권리를 행사한다든가 또는 부당한 이익을 취득할 목적으로 권리를 행하는 경우를 말한다.

(2) 거래처의 선정과 신용조사

무역클레임의 원인 중 신용거래의 본질에 대한 이해부족과 경험미숙이 원인이 되는 경우가 상당수를 차지하고 있다고 분석되고 있다. 따라서 거래처의 선정시에 상대방의 신용도를 철저히 조사하는 것이 필수적이다.

신용조사 과정에서는 거래상대방의 진실성, 공정성, 청렴성, 성실성, 전문성,

협동성 등이 있지만 중소기업에서는 이를 충실히 조사하기에는 어려움이 많다.

(3) 계약서작성시 주의사항

국제거래는 만나서 거래하는 것이 아니므로 이해하기가 복잡하고, 충분하지 않은 경우가 많다. 따라서 신속하고 원활한 거래와 오해나 분쟁을 피하기 위해서도 매매계약의 일반조건을 정한 계약서를 교환하는 것이 중요하다.

(4) 생산자의 선정

경우에 따라서는 수출자가 직접 생산하지 않고, 다른 생산업자를 선정하여 물품을 수출할 수도 있다. 이때 생산업자를 잘못 선정하면 질이 낮은 물품이 수출되거나 또는 그로 인한 클레임이 제기될 가능성이 있다.

따라서 수출자는 생산업자의 선정에 신중하여야 하고 납품계약을 체결하여 수입자로부터 제기되는 클레임을 회피하도록 한다.

4) 무역클레임의 해결

클레임의 해결방법에는 당사자간의 해결방법인 클레임의 포기(waiver of claim) 및 화해(amicable settlement), 제3자 개입에 의한 해결방법인 알선(intercession), 조정(mediation or conciliation), 중재(arbitration) 및 소송(litigation) 등이 있다.

(1) 클레임 포기

경미한 클레임에 대해서는 클레임을 포기하고 단순한 경고를 함으로써 다음부터는 그렇게 하지 않도록 주의를 촉구하는 방법이다. 이 경우는 피해자가 일방적으로 가해자에게 클레임제기를 철회(withdrawal)함으로 일단락되는 것이다.

(2) 화해

매매당사자 사이에 타협을 통하여 클레임 청구내용을 합의하는 것을 말한다. 화해는 양보와 타협을 통하여 이루어지는데 실무적으로 분쟁해결을 위한 가장 바람직한 방법이다.

(3) 알선

거래당사자 사이에서 해결될 수 없을 때 당사자 중의 어느 일방이 제3자에게 의뢰하여, 다른 당사자에게 원만한 해결을 위해서 권고해 줄 것을 요청하는 방법이다.

그러나 알선기관은 단순히 해결방안이나 조언을 제시할 뿐이며 당사자들이 알선에 응하지 않으면 해결되지 않는다.

(4) 조정

알선에 의하여 클레임을 해결하지 못하면 양당사자가 공정한 제3자를 조정인으로 하여 조정인이 제시하는 해결안에 대하여 합의함으로 클레임을 해결하는 방법이다.

조정안의 수락여부는 당사자의 자유의사에 속한다. 만약 조정을 하는데 조정인 선정일로부터 일정기간 이내에 조정이 실패하면 조정절차는 자동적으로 폐기된다.

(5) 중재

조정과 마찬가지로, 당사자의 합의에 의하여 중재인(arbitrator)을 선정하고 중재판정결과(award)에 복종하여 분쟁을 해결하는 방법이다.

중재판정은 법원의 최종 판결과 마찬가지로 취급되어 상소할 수 없으며 중재에 위탁된 사건은 소송을 할 수 없다. 또 당사자는 중재판정을 거부하지 못하며 동시에 강제집행력을 갖는다.

(6) 소송

법원의 재판에 의하게 되면 비용과 시간이 가장 많이 소요되므로 극히 예외적인 경우에 사용된다. 무역거래는 상대방과 법정 관할지역을 달리하기 때문에 강제력을 보장받기 위해서는 반드시 상대국의 법원에 제소하여 승소하여야만 실효를 거둘 수 있게 된다.

5) Claim Note 작성

(1) 정의

무역거래에서 '클레임' (claim)이란 거래당사자 중 어느 한쪽이 계약의 내용을 충실히 이행하지 않아 상대방에게 손해가 발생하였을 때 그 손해를 손해배상하도록 청구하는 것이다. 무역클레임에서 청구하는 사람을 청구자(complaint)라 하고, 클레임을 받는 사람을 피청구자(claimee 또는 respondent)라고 한다. 대부분 무역거래에서 'claimant' 는 매수인, 'claimee' 는 매도인이 된다.

무역클레임은 계약 위반으로 발생하는 경우가 대부분이지만 시장상황이 나빠져서 매수인이 가격인하, 인수거부 등 고의적으로 클레임을 제기하는 마켓 클레임(market claim)도 있다.

마켓 클레임과 같은 부당한 클레임을 예방하기 위하여 클레임 제기기간, 클레임 제기방법, 클레임의 증빙서류 등 요건을 제한하는 것이 바람직하다.

> "Claims, if any, shall be filed by cable within 14 (fourteen) days form the date of final discharge at destination. Certificates by recognized surveyors shall be sent by airmail without delay"

(2) 제기절차

① 수입자는 수령화물을 개봉할 때 계약상품의 하자가 있는지 꼼꼼이 점검하여야 한다. 이를 소홀히 한 경우에는 클레임 제시기한의 권리를 상실할 수도 있다.

② 도착화물을 검사한 후 하자를 발견하였다면 즉시 수출자에게 클레임통지서(Claim Note)를 발송한다. 클레임통지서는 근거서류를 첨부하여 정식 클레임 절차를 이행하기 이전 상대방에게 사전통지 효과를 갖는다.

③ 수입자의 클레임 통지는 수출자에게 중대한 사건이 된다. 수출자가 클레임을 인정하지 않는 경우를 대비하여 수입자는 이를 입증하는 공인기관의 검증서(Surveyors Report)를 제시하여야 한다.

④ 수입자는 전체 거래내역의 피해 상황을 증빙서류, 사진자료, 계산서 등의 붙임서류로 정리하여 정식 클레임통지서를 확정하여 발송하도록 한다. 클레임은 거래당사자 모두에게 원만한 해결방법을 찾을 수 있도록 가능한 한 감정을 상할 수 있는 공격적인 표현은 삼가도록 한다.

Ⅱ. 상사중재

1. 상사중재의 의의

무역거래에서 분쟁이 발생하는 경우 소송보다는 중재에 의하여 해결하는 경우가 많다. 중재란 중재합의에 의하여 사법상의 권리 기타 법률관계에 관한 분쟁을 법원의 소송절차에 의하지 않고 사인인 제3자를 중재인(arbitrator)으로 선정하여 그 분쟁의 해결을 중재인의 결정에 맡기는 동시에 최종적으로 그 결정에 복종함으로써 분쟁을 해결하는 제도를 말한다.

2. 상사중재제도의 장 · 단점

1) 장점

(1) 중재계약의 자율성

중재는 분쟁의 당사자가 법원의 판결에 의존하지 아니하고, 그들의 자율의사에 의한 중재합의에 따라 자신이 선임하는 중재인에게 분쟁을 해결할 것을 신청하여 그 판정의 결과에 복종하기로 하는 자주적인 분쟁해결방법이다.

(2) 신속성

보통 소송은 3심제이며 패소한 당사자가 상소 수단을 남용하여 절차를 지연시킬 위험이 있으나 중재는 단심제로 분쟁이 신속히 종결된다.

(3) 중재인의 전문성

국제상거래는 상관습에 지배를 받는 경우가 많으므로 일반 법만을 전공한 일반 법관에게 국제상거래에 관한 분쟁해결을 맡기는 것보다는 상거래와 관습에 정통한 중재인에게 판정을 맡기는 것이 현실적이고 합리적일 수 있다.

(4) 비공개

소송에 있어서는 재판절차나 판결문이 각각 공개되기 때문에 사업의 내막과 경영상의 기밀이 외부에 누설될 위험이 있으나 중재에 있어서의 심문절차 및 판정문은 비공개를 원칙으로 하며 특히 국제상사분쟁의 경우에 있어서 거래의 기밀이 대외적으로 누출되는 폐단을 방지할 수 있으므로 대외신용의 계속유지가 보장된다.

(5) 저렴한 비용

중재는 분쟁을 신속하게 해결하며 중재비용은 소송에 비해 매우 저렴하다.

(6) 중재판정효력의 국제성

재판은 국가공권력의 발동이므로 원칙적으로 국경을 초월하여 그 효력을 미칠 수 없으나, 중재판정은 자주적인 분쟁해결방법이기 때문에 국가의 주권 문제와는 아무런 관계없이 국제적으로 그 효력을 미칠 수 있다.

2) 단점

(1) 법률문제

중재인은 사실문제(matter of facts)에 대하여는 그 전문가로서의 지식을 충분히 발휘하여 분쟁내용을 신속 · 정확하게 판정할 수 있으나, 중요한 법률문제가 개재되어 있을 경우에는 일반적으로 그 판단능력이 미흡하다는 단점이 있다.

(2) 예측가능성의 결여

중재인의 판정기준이 중재인의 자의나 주관에 따라 좌우될 가능성이 있으므로 그 판정의 공정성을 객관적 존재에 의하여 주장하거나 증빙한다는 것은 어려운 점이 있다. 동종의 사건도 중재인이 다름에 따라 각각 다른 판정이 내려질 가능성이 있다.

(3) 상소제도의 결여

재판에서 인정하는 3심 제도는 패소한 당사자의 정당한 요구에 응하여 재판의 정당성을 보장하고 사법제도에 관한 신뢰를 확보하기 위한 제도이다. 그러나 중재에 있어서는 판정을 취소할 만한 중대한 결함이 없는 한, 판정에 대한 불복신청이 인정되지 않는다. 이것은 사건을 신속히 처리하려는 중재제도의 본질적 요구인 동시에 그 장점이다.

3. 중재계약

1) 개요

중재계약이란 당사자간에 발생하였거나 장래에 발생할 수 있는 민상사분쟁에 대하여 중재에 의하여 해결하도록 당사자간에 합의한 계약을 말한다. 우리나라 중재법에서는 중재계약은 당사자간의 합의를 서면에 의하도록 규정하고 있다.[2] 이에 구두합의 경우에는 무효가 된다.

당사자간 합의에 의한 중재계약이 유효하게 성립하기 위한 전제요건으로는 당사자간 결격사유가 없고, 분쟁이 현실적으로 존재하며 그리고 분쟁은 서명에 의한 중재합의의 범위에 포함되어야 한다. 중재계약시 실무상 유의사항은 중재를 행할 중재지, 중재기관 및 적용할 준거법 등을 명확하게 명시하여 중재절차 진행시 기본적 사항에 대한 다툼의 소지를 없애야 할 것이다.

또한 중재절차는 당사자간 중재계약에 의하여 사전에 약정할 수도 있는데 중재절차를 원활히 이행하기 위해서는 중재인수, 중재절차 및 진행기간, 중재인 선정방법, 심문방법, 중재비용 부담방법 등에 대하여 사전에 합의하는 것이 좋다. 그러나, 기관중재의 경우에는 상술한 방법 등에 대하여 미리 규정하고 있다.

2) 중재계약의 종류

중재로 분쟁을 해결하기 위해서는 반드시 당사자간 사전 또는 사후합의가 있어야 한다. 사전 중재합의를 중재조항(arbitration clause)이라 하고, 사후 중재합의를 중재부탁계약(submission to arbitration)이라 한다.

(1) 대한상사중재원 표준중재조항

All dispute, controversies, or differences which may arise between the parties, out of or in relation to or in connection with this contract, or for the breach thereof, shall be finally settled by arbitration in Seoul, Korea in accordance with

2) 중재법 제8조 제3항에서는 "중재합의는 당사자들이 서명한 문서에 중재합의가 포함되어 있는 경우, 서신 · 전보 · 전신 및 모사전송 기타 통신수단에 의하여 교환된 문서에 중재합의가 포함되어 있는 경우"로 규정하여 중재합의의 서면주의를 명문화하고 있다. 또한 영국중재법, 뉴욕협약, 미국중재법에서도 서면주의를 규정하고 있다.

the Commercial Arbitration Rules of The Korean Commercial Arbitration Board and under the Law of Korea. The award rendered by the arbitrator(s) shall be final and binding upon both parties concerned.

(2) 대한상사중재원 표준중재부탁계약

SUBMISSION TO ARBITRATION

We, the undersigned parties , hereby agree to submit the below dispute to the Korean Commercial Arbitration Board for arbitration under the Commercial Arbitration Rules of the Korean Commercial Arbitration Board with impeccable understanding that the arbitral award to be rendered on the dispute shall be final and binding upon all the parties concerned.

(1) Point of Dispute:	(2) Further Reference:
Party(A): Party(B)	
Title of Corporation	Address
Name of President(or Agent)	Name of President(or Agent)
Signed by	Signed by
Date of Signature	Date of Signature

Enclosure: 1. A power of attorney, in case where the submission is made by an agent, one copy

3) 중재합의의 효력

첫째, 중재계약은 직소금지효력[3]을 갖는다. 따라서 당사자간에 중재계약이 있는 경우에는 법원에 소를 제기할 수 없다. 다만 중재계약이 무효, 효력을 상실하거나 이행불능인 경우에는 그러하지 아니한다.[4]

중재법 제9조에서는 "중재합의의 대상인 분쟁에 관하여 소가 제기된 경우에 피고가 중재합의 존재의 항변을 하는 때에는 법원은 그 소를 각하하여야 한다"라고 규정하고 있다. 즉, 중재합의가 있음에도 불구하고 상대방이 법원에 소를 제기

---

3) 영국중재법, 미국중재법, 뉴욕협약에서는 직소금지의 효력에 관한 규정을 두고 있다.

4) 우리나라 중재법 제9조.

하였을 경우, 1차 변론기일 전까지 본안전 항변을 통하여 중재계약이 있음을 주장, 입증하면 법원은 소 각하 판결을 하게 된다.

둘째, 분쟁의 최종해결이다. 중재법 제35조에서는 "중재판정은 당사자간에 있어서 법원의 확정판결과 동일한 효력을 가진다"라고 규정하여 분쟁을 한 번으로 해결함을 확실하게 천명하고 있다. 즉, 중재판정이 일단 내려지면 소송과 같이 불복절차인 항소나 상고제도가 허용되지 않는다는 것을 의미하며 대법원의 판결과 동일한 효력이 있다.

셋째, 중재판정은 국제적으로는 "외국중재판정의 승인 및 집행에 관한 UN협약"(The United Nations Convention on the Recognition and Enforcement of Foreign Arbitral Awards: 약칭으로 'New York 협약'이라 한다. 1958년 채택, 1973년 한국 가입, 2009년 2월 현재 144개국 가입)에 의하여 국제적 효력을 인정받고 있다. 이 협약에 따라 우리나라에서 내려진 중재판정이 외국에서도 승인·집행되며, 반대로 외국에서 내려진 중재판정 역시 우리나라에서도 승인되고 집행이 보장된다. 그러나 우리나라가 이 협약에 가입할 때 한국법상 상사관련 분쟁에 한하고, 상호 체약국인 경우에 한해서만 이 협약을 적용한다는 유보선언을 하였다.

4) 중재절차

중재절차는 당사자간의 중재합의로 정할 수 있다. 중재절차란 중재판정이 내려질 때까지의 모든 절차를 의미한다.[5] 구제적인 절차는 대한상사중재원 절차를 중심으로 설명하면 다음과 같다.

(1) 중재신청

중재신청시 대한상사중재원의 사무국에 중재합의서(원본 또는 사본), 중재신청서, 신청의 원인사실을 입증하는 서류(원본 또는 사본), 신청인 및 피신청인 법인 등기부등본(개인은 주민등록등본), 대리인 신청시 위임장을 작성하여 제출하여야 한다.

중재신청서가 제출되면 제출서류의 적합여부를 확인하고, 서류에 하자가 없을

---

5) 중재법 제12조 2항 및 제20조 1항 참조

경우에는 소정의 중재비용[6]을 예납받고 중재신청을 접수한다. 사무국은 쌍방에게 중재신청이 수리되었음을 통지한다. 이때 피신청인은 접수 통지를 받은 일로부터 국내중재의 경우에는 15일, 국제중재의 경우에는 30일 이내에 답변서[7]를 제출하여야 한다.

(2) 중재판정부 구성

중재판정부의 구성은 당사자간의 합의에 의한 선정 또는 사무국에 의하여 선정된다. 일반적으로 중재인 수는 1인 또는 3인으로 구성된다. 당사자간 합의에 의하여 일정기간(국내중재는 15일, 국제중재 30일) 중재인을 선정하지 못하는 경우에 중재원 사무국이 중재인을 선정한다.

사무국에 의한 중재인 선정방법은 중재인 명부에서 5인 또는 10인의 후보자를 선정 후 당사자에게 명단을 보내고 당사자는 동 명단에 자신이 희망하는 순위를 의장중재인과 기타 중재인란에 번호를 기재하여 후보자명단수령일로부터 15일(국제중재 30일) 이내에 반송하여야 한다.

선정명단 중 선정희망순위가 가장 높은 사람(1~3인)으로부터 취임수락서를 받아 선정하게 되고 중재판정부가 구성되면 중재인과 양당사자에게 중재인 선정사실과 제1차 심리기일을 서면으로 통지한다.

(3) 심문

① 중재 심리 일시 및 장소 결정과 통지

중재판정부는 심리 일시 및 장소와 방식을 결정하고 사무국은 당사자에게 심리개시 10일전(국제중재의 경우에는 20일)까지 통지하여야 한다.

② 중재심리절차 준비

중재판정부는 당사자들에게 심리전 자신들의 주장, 증거방법, 상대방 주장에 대한

---

6) 중재비용이란 중재를 신청한 후 판정이 내려질 때까지 소요되는 비용으로 중재비용은 요금, 경비, 수당으로 구분되는데 중재신청서를 접수할 때 신청인으로부터 미리 예납받고 중재판정부의 판정에 의하여 부담비율이 정해진다.

7) 답변서에는 반드시 양당사자의 성명 및 주소(당사자가 법인인 경우에는 법인의 명칭 및 주소, 대표자의 성명 및 주소를 명기하여야 한다), 대리인이 있는 경우에는 그 성명과 주소, 답변취지와 이유 및 입증방법에 대하여 기재하여야 한다.

의견에 관한 서면을 제출하게 할 수 있다.

③ 절차

심리 절차는 비공개를 원칙으로 사건번호와 당사자의 호명으로 개시된다. 심리시 당사자의 일방이 증거물을 제출할 경우에는 중재판정부는 이를 증거로 접수할 수 있다. 중재판정부는 필요시 중재심리 절차를 변경할 수도 있다.

사무국이나 판정부가 요구시 서면, 증거 또는 기타 문서의 번역문을 제출해야 한다. 심리시에 판정부에 제출치 못하고 심리 당시의 합의나 그 이후의 합의 및 판정부의 요구에 의해 제출하는 모든 서류는 사무국이 접수하여 중재판정부 및 타방 당사자에게 송달하여야 한다.

판정부가 판정에 필요하다고 인정하는 증거의 조사를 직접 할 수 없는 것은 직권 또는 당사자의 요구에 의해 관할법원에 이를 신청할 수 있다. 중재판정부는 직접 당사자를 심리하는데 당사자의 일방이 정당하게 통지 또는 고지에도 불구하고 출석하지 아니한 경우나 출석하여도 심리에 응하지 아니하는 경우에도 중재는 그대로 진행될 수 있다.

중재판정부는 상당한 이유가 있으면 직권이나 당사자의 요구에 의하여 심리를 연기하거나 재개할 수 있다.

④ 심리종결

중재판정부는 당사자가 주장 및 입증을 하였다고 인정할 때 심리의 종결을 선언한다.

(4) 중재판정

① 중재판정의 기간 및 범위

중재판정의 기간은 중재판정부는 당사자간의 별도 약정이 없는 한 중재심리가 종결된 날로부터 30일 이내에 중재인 과반수 찬성으로 판정한다.

중재판정의 범위는 중재계약 범위내에서 계약의 현실이행뿐만 아니라 공정하고 정당한 배상이나 기타의 구제를 명할 수 있다. 따라서 중재계약의 범위를 벗어난 판정은 효력이 인정되지 아니한다. 또한 중재판정부는 당사자에게 중재비용의 부담비율을 명한다.

② 중재판정의 형식

중재판정은 서면으로 작성하고 당사자 성명 또는 명칭과 주소(대리인이 있는 경우에는 대리인 성명과 주소), 중재판정주문 및 판정이유, 판정문 작성일자 및 중재지를 기재하여야 한다.

중재판정은 한국어로 작성한다. 다만 당사자의 요구시나 외국 국적의 중재인이 있는 경우에는 한국어와 영어로 작성할 수 있으며, 이때 한국어와 영어로 작성되는 판정문은 모두 이를 정본으로 간주한다. 그러나 한국어와 영어의 해석상의 차이가 있을 경우에는 한국어를 기준으로 해석한다.

③ 중재판정문의 송달

사무국은 판정문 정본을 당사자 또는 대리인의 알려진 주소에 등기우편(배달증명)으로 발송 또는 직접 교부한다. 사무국은 판정문 정본이 당사자 또는 대리인에게 송부되었다는 우편물 배달증명서를 첨부하여 판정문원본을 관할법원에 이송하여 보관한다.

④ 판정의 효력

중재판정은 당사자간에 있어서는 법원의 확정판결과 동일한 효력이 있다. 또한 뉴욕협약(외국중재판정의 승인 및 집행에 관한 UN협약)에 따라 외국에서도 중재판정의 승인 및 집행이 보장된다.

〈표 4-2〉 중재판정절차[8]

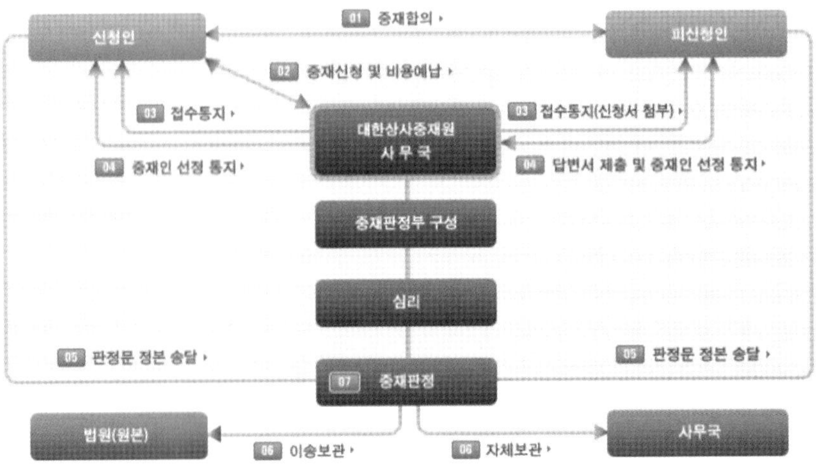

8) 대한상사중재원 홈페이지 참조(www.kcab.or.kr).

4. 대한상사중재원의 중재신청서[9)]

The Korea Commercial Arbitration Board

43RD FLOOR. TRADE TOWER (KOREA WORLD TRADE CENTER)
159, SAMSUNG-DONG. KANGNAM-GU.SEOUL 135-729, KOREA
Trade Center P.O. Box 50, CABLE ARBITRATION
TEL : 551-2000-19, FAX : (02)551-2020

To : The Korean Commercial Arbitration Board

REQUEST FOR ARBITRATION

1. Full Names and Addresses of Parties:
   (1) Claimant : Name of Corporation (1) ______
   Address (2) ______
   Name of Representative (3) ______
   Name and Address of Agent, if any:
   Name (4) ______
   Address (5) ______

   (2) Respondent : Name of Corporation (6) ______
   Address (7) ______
   Name of Representative (8) ______

2. Purport of Request (Claim or Relief sought ; amount , if any):
   (9) As attached

3. Grounds for Request and Method of Proof : As attached
   (10)

Signature / Name : (11) ______

Dated : (12) ______

Enclosures : 1. Signed copies of this request for arbitration ··············· five copies
2. The original or certified copy of the document evidencing agreement on arbitration under the Rules of the Korean Commercial Arbitration Board ··· five copies
3. The original or reproduced copy of documentary evidence, if any, proving the claim stated in this Request for Arbitration ··· five copies
4. Certificate of Incorporation ································ one copies
5. A power of attorney, in case where the request is made by an agent ··· one copies

9) 대한상사중재원의 홈페이지 참조(www.kcab.or.kr).

중 재 신 청 서

1. 당사자의 성명 및 주소

(가) 신청인

<table>
<tr><td rowspan="2">법 인</td><td>법인명칭</td><td></td><td>법인주소
전화번호</td><td></td></tr>
<tr><td>대 표 자
성 명</td><td></td><td>대 표 자
주 소</td><td></td></tr>
<tr><td>개 인</td><td>성 명</td><td></td><td>주 소
전화번호</td><td></td></tr>
<tr><td>대리인</td><td>성 명</td><td></td><td>주 소
전화번호</td><td></td></tr>
</table>

(나) 피신청인

<table>
<tr><td rowspan="2">법 인</td><td>법인명칭</td><td></td><td>법인주소
전화번호</td><td></td></tr>
<tr><td>대 표 자
성 명</td><td></td><td>대 표 자
주 소</td><td></td></tr>
<tr><td>개 인</td><td>성 명</td><td></td><td>주 소
전화번호</td><td></td></tr>
</table>

2. 중재신청의 취지(별지기재) :

3. 중재신청의 이유 및 입증방법(별지기재) :

20 년 월 일

위 신청인 ________________ 인

(구비서류) : 가. 중재신청서 .... 5부.

나. 중재합의를 인증하는 서면의 원본 또는 사본 .... 5부.

다. 중재신청에 주장하는 청구의 근거를 증명하는 서증의 원본 또는 사본 ... 5부.

라. 법인등기등본(개인인 경우 주민등록등본) .... 1부.

마. 대리인 신청시는 위임장 및 인감증명서 .... 1부.

바. 소정의 중재비용

사단법인 대 한 상 사 중 재 원 귀중.

중재신청서 작성사례

중재신청서

1. 신청인
   회사명 : (주)한국제약
   주　소 : 서울특별시 강남구 삼성동 159
   대표자 : 대표이사 이도령
   대리인 : 이방자
   서울특별시 강남구 삼성동 300
2. 피신청인
   회사명 : SANTIAGO LTD.
   주　소 : FERNANDEZ 1000, SANTIAGO, CHILE
   대표자 : DOMINGO
3. 신청취지
   (1) 피신청인은 지불기한이 지난 신청인의 수출환어음금액 미화 71,070달러 및 이에 대하여 1992년 2월 11일부터 완제일까지 연 18%의 비율에 의한 금원을 지급하라.
   (2) 중재비용은 피신청인의 부담으로 한다. 라는 판정을 구함.
4. 신청이유
   (1) 신청인은 한국의 계약회사인 (주)한국제약으로서 피신청인에게 의약품을 수출하였고 피신청인은 칠레 산디아고에 소재한 수입자로서 신청인으로부터 의약품을 수입하였음.
   (2) 신청인은 피신청인과 1988년부터 거래를 시작하였으며 초기 결제조건은 신용장방식이었음.
   (3) 1990년 피신청인은 신청인에게 신용장방식 대신 D/A 120days로 결제조건의 변경을 제의하여 신청인은 거래를 확대하기 위하여 본조건을 수용하였음.
   (4) D/A 조건으로 거래를 한 후 피신청인은 결제 만기일을 넘겨 지불하기 시작하였고 1991년 10월 기준으로 미화 12,690달러가 미지급상태에 있었음.
   (5) 신청인은 본건 해결을 위하여 1991년 10월 대리인을 현지에 파견하여 미화 19,260달러를 회수하였으며 동시에 잔액 미화 105,430달러에 대하여는 1992년 2월 10일까지 분할 상환하겠다는 각서를 받았음. 또한, 본 각서에는 분쟁 발생시 대한상사중재원에서 중재로 해결할 수 있는 중재조

항을 삽입하여 두었음.

(6) 그러나 그 이후 신청인은 미화 34,360달러만 피신청인으로부터 회수하였고 현재 미결재 잔액 미화 71,070달러가 남겨져 있고 그동안 피신청인의 지불지연으로 신청인은 이자부담을 안게 되었음.

(7) 그러므로 신청인은 미결제잔액 미화 71,070달러와 은행연체이자율에 근거하여 지연이자를 피신청인에게 법적으로 청구하기 위하여 귀원에 중재를 신청함.

5. 입증방법

갑 제1호증	중재합의서
갑 제2호증	각 서(1992. 2. 10자)
갑 제3호증의 1 내지 3	각 송장
갑 제4호증의 1 내지 2	각 서신

6. 첨부서류

가. 입증서류 각 1부

나. 법인등기등본(개인인 경우 주민등록등본) 1부

다. 대리인 신청시는 위임장 및 위임인의 인감증명서 각 1부

라. 소정의 중재비용

200* 년 12월 23일

신청인 (주) 한국제약
대표이사 이 도 령 (인)

(또는)
위 신청인 대리인
이 방 자 (인)

사단법인 대한상사중재원 귀중

Purport of Request

1. The Respondent shall pay to the Claimant the sum of US$20,620.12.
2. The Arbitration Cost shall be borne by the Respondent.

Grounds for Request

The Claimant is a Korean Corporation engaged in sea and air freight forwarding business. The Claimant and the Respondent executed "Sea and Air Cargo Transportation Agency Contract("Agency Agreement") on November 01, 199# (see the attached Exhibit A-1),

Based on this "Agency Agreement", the Claimant and the Respondent had transported sea and air cargo reciprocally and had settled the freight charge accounts within 1 month.

The Respondent failed to make payment on the accounts outlined below and had no special reasons. The exact calculation is as follows :

* Accounts amount : US$20,620.12
* Perid : from June 1996 to December 1996

The Claimant met the Respondent in Manila on June 14, 1997 and verified the amount owed and the detail statement for cargo business. The Respondent and the Claimant agreed that the Respondent would pay to the Claimant US$20,620.12 before September 30, 1997 and that all disputes arising from the Respondent's inability to fulfill the above obligations would be resolved by arbitration. (see the attached Exhibit A-2)

The Respondent did not pay the freight charge. Accordingly, the Claimant requested arbitration to be conducted by the Korean Commercial Arbitration Board as set forth in the Purport.

Method of Proof
Exhibit A-1 : Agency Agreement
Exhibit A-2 : Certificate of outstanding payment to ###
Exhibit A-3 : Letter
Exhibit A-4 : Fax dated February 7, 199#
Exhibit A-5 : Dunning letter dated May 11, 199#
Exhibit A-6 : Fax dated May 27, 199#
Exhibit A-7 : Fax dated September 2, 199#

####### Cargo ####### Co., Ltd.

Kil-Dong, Hong
Representative Director

생각해 보기

1. 국제무역거래에서 클레임이 발생하는 이유는 무엇입니까?

2. 무역클레임을 예방하기 위한 노력에는 어떤 것이 있습니까?

3. 무역클레임을 해결하는 가장 합리적인 방법은 어떤 것입니까?

4. 국제상사중재의 필요성은 무엇입니까?

5. 국제상사중재에서 준거법과 법정관할지역은 어떤 의미인지 토론해 봅시다.

제5장

무역시뮬레이션

무역서류작성 실무연습

5부에서는 팀을 조직하고 가상의 기업과 아이템을 선정한다. 팀원들의 공통의 견과 시장상황을 근거로 제시한 선적서류 양식을 활용하여 직접 작성해 보도록 한다.

1. 팀별 토론 활동

1) 무역업 창업 사업계획서(MR+4P, SWOT 등)

2) 업종과 상대방 국가의 선택

3) 아이템의 선택(5~7가지): 수입의 경우 HS Code 확인(수입요건)

4) 시장상황 파악(한국, 상대방 국가 시장에서의 물가조사: G-Market, E-bay.com 등)

5) 해상운임, 보험료 조사

6) 원가의 산정(희망이익, 부대비용)

7) 클레임을 대비한 사전 예방 방안

2. 무역서식 작성

1) 영문 소개서

Circular Letter

2) Offer Sheet

OFFER SHEET

Messrs,

Offer No.____________________
Date ____________________
Ref. No. ____________________

We are pleased to offer the under-mentioning article(s) as per conditions and detalis described as follows

HS	Description	Q' ty	Unit price	Amount

Origin :
Quality :
packing :
Shipment :
Inspection :
Payment :

Validity :
Remarks :

Looking forward to your valued order for the above offer, we are

Yours faithfully,

____

3) Sales Contract(Case by Case Contract)

SALES CONTRACT

DATE :

MESSRS,

QUANTITY	DESCRIPTION	PRICE	SHIPMENT

Total Amount :

PAYMENT :
INSURANCE :
PACKING:
DESTINATION :

〈SHIPPING MARK〉

PLEASE SIGN AND RETURN THE DUPLICATE

BUYER	SELLER
(Signed)	(Signed)
President	Export Manager

General Terms and Conditions

1. Principal to Principal Basis:

2. Quantity:

3. Shipment:

4. Price:

5. Inspection:

6. Trade Terms:

7. Infringement:

8. Claim:

9. Arbitration:

10. Governing Law:

4) Commercial Invoice

COMMERCIAL INVOICE

<table>
<tr><td colspan="3" rowspan="2">① Shipper/Seller</td><td colspan="3">⑦ Invoice No. and date</td></tr>
<tr><td colspan="3">⑧ L/C No. and date</td></tr>
<tr><td colspan="3" rowspan="2">② Consignee</td><td colspan="3">⑨ Buyer(if other than consignee)</td></tr>
<tr><td colspan="3" rowspan="2">⑩ Other references
COUNTRY OF ORIGIN :</td></tr>
<tr><td colspan="3">③ Departure date</td></tr>
<tr><td colspan="2">④ Vessel/flight</td><td>⑤ From</td><td colspan="3" rowspan="2">⑪ Terms of delivery and payment</td></tr>
<tr><td colspan="3">⑥ To</td></tr>
<tr><td>⑫ Shipping Marks</td><td>⑬ No.&kind of packages</td><td>⑭ Goods description</td><td>⑮ Quantity</td><td>⑯ Unit price</td><td>⑰ Amount</td></tr>
<tr><td colspan="4"></td><td colspan="2">⑱ Signed by</td></tr>
</table>

5) Packing List

PACKING LIST

① Shipper/Seller		⑧ No. & date of invoice ⑨ No. & date of L/C
② For account & risk of Messers.		⑩ Consignee
③ Notify party Same as above		⑪ Remarks : Origin :
④ Port of loading	⑤ Final destination	⑫ Payment Terms
⑥ Carrier	⑦ Sailing on or about	⑬ Price Term :

⑭ Marks & numbers of Pkg	⑮ Description of Goods	⑯ Quantity/Net	⑰ Gross wt	⑱ Measure

//

P.O.Box :
E-mail :
Telefax No. :
Telephone No. :

⑲ Signed by ____________________
Manager

6) Bill of Lading

Bill of Lading

① Shipper/Exporter		⑪ B/L No. ;
② Consignee		
③ Notify Party		
Pre-Carrage by	⑥ Place of Receipt	
④ Ocean Vessel	⑦ Voyage No.	⑫ Flag

⑤ Port of Loading	⑧ Port of Discharge	⑨ Place of Delivery	⑩ Final Destination (For the Merchant Ref.)

⑬ Container No. ⑭ Seal No. Marks & No	⑮ No. & Kinds of Containers or Packages	⑯ Description of Goods	⑰ Gross Weight	Measurement

⑱ Freight and Charges	⑲ Revenue tons	⑳ Rate	㉑ Per	㉒ Prepaid	㉓ Collect

㉓ Freight prepaid at	㉔ Freight payable at	㉖ Place and Date of Issue
Total prepaid in	㉕ No. of original B/L	
㉗ Laden on board vessel Date Signature		㉘ XYZ Co. Ltd. as agent for a carrier, zzz Liner Ltd.

7) Insurance Policy

AG Insurance Co., Ltd.

CERTIFICATE OF MARINE CARGO INSURANCE

<table>
<tr><td colspan="3">Assured(s), etc</td></tr>
<tr><td colspan="2">Certificate No.</td><td rowspan="2">Ref. No. Invoice No.</td></tr>
<tr><td colspan="2" rowspan="2">Claim, if any, payable at :

Claims are payable in</td></tr>
<tr><td>Amount insured</td></tr>
<tr><td colspan="2">Survey should be approved by</td><td rowspan="5">Conditions</td></tr>
<tr><td>Local Vessel or Conveyance</td><td>From(interior port or place of loading)</td></tr>
<tr><td>Ship or Vessel called the</td><td>Sailing on or about</td></tr>
<tr><td>at and from</td><td>transshipped at</td></tr>
<tr><td>arrived at</td><td>thence to</td></tr>
<tr><td colspan="2">Goods and Merchandise</td><td>Subject to the following Clauses as per back hereof institute Cargo Clauses Institute War Clauses(Cargo) Institute War Cancellation Clauses(Cargo)
Institute Strikes Riots and Civil Commotions Clauses
Institute Air Cargo Clauses(All Risks)
Institute Classification Clauses
Special Replacement Clause(applying to machinery)
Institute Radioactive Contamination Exclusion Clauses
Co-Inssurance Clause Marks and Numbers as</td></tr>
</table>

Place and Date signed in　　　　No. of Certificates issued.

This Certificate represents and takes the place of the Policy and conveys all rights of the original policyholder
(for the purpose of collecting any loss or claim) as fully as if the property was covered by a Open Policy direct to the holder of this Certificate.
This Company agrees lossed, if any, shall be payable to the order of Assured on surrender of this Certificate.
Settlement under one copy shall render all others null and void.
Contrary to the wording of this form, this insurance is governed by the standard from of English Marine Insurance Policy.
In the event of loss or damage arising under this insurance, no claims will be admitted unless a survey has been held with the approval of this Company' s office or Agents specified in this Certificate.

SEE IMPORTANT INSTRUCTIONS ON REVERSE

AG Insurance Co., Ltd.

AUTHORIZED SIGNATORY

This Certificate is not valid unless the Declaration be signed by an authorized representative of the Assued.

8) Certificate of Origin

1. Exporter(Name, address, country)	ORIGINAL **CERTIFICATE OF ORIGIN** issued by THE KOREA CHAMBER OF COMMERCE & INDUSTRY Seoul, Republic of Korea
2. Consignee(Name, address, country)	3. Country of Origin
4. Transport details	5. Remarks
6. Marks & numbers ; number and kind of packages ; description of goods	7. Quantity
8. Declaration by the Exporter (Signature) (Name)	9. Certification Authorized Signatory
	Certificate No.

THE KOREA CHAMBER OF COMMERCE & INDUSTRY

9) Inspection Certificate

Inspection Certificate

Date:

10) Bill of Exchange

① NO. ______ ② **BILL OF EXCHANGE** ③ KOREA ______

④ FOR ______

AT ⑤ ______ Sight OF THIS ⑥ **ORIGINAL** BILL OF EXCHANGE

(SECOND OF THE SAME TENOR AND DATE BEING SIGHT UNPAID)

PAY TO ⑦ xxxBANK OR ORDER ⑧ THE SUM OF ______

⑨ VALUE RECEIVED AND CHARGE THE SAME TO ACCOUNT OF ______

⑩ DRAWN UNDER ______ ⑪ L/C NO. ______ ⑫ DATED ______

⑬ TO ______ ⑭ ______

---

① NO. ______ ② **BILL OF EXCHANGE** ③ KOREA ______

④ FOR ______

AT ⑤ ______ Sight OF THIS ⑥ **ORIGINAL** BILL OF EXCHANGE

(FIRST OF THE SAME TENOR AND DATE BEING SIGHT UNPAID)

PAY TO ⑦ xxxBANK OR ORDER ⑧ THE SUM OF ______

⑨ VALUE RECEIVED AND CHARGE THE SAME TO ACCOUNT OF ______

⑩ DRAWN UNDER ______ ⑪ L/C NO. ______ ⑫ DATED ______

⑬ TO ______ ⑭ ______

11) 신용장 개설신청서

취소불능화환신용장개설신청서
(APPLICATION FOR IRREVOCABLE DOCUMENTARY CREDIT)

AT SIGHT L/C 및 내국수입 USANCE
지 급 보 증 용

SWIFT Code :
Mailing Address :
Telex Number :
To :
Dear Sirs :

We request you to establish by □ cable □ air mail an Irrevocable Credit on the following terms and conditions

Advising Bank

Cable Address　　　　Date

Credit Number

Applicant

Beneficiary

Amount

Expiry Date

Tenor of Draft　××××　At　××××　Sight　　For　　% of invoice value

Documents(please indicate by placing x Mark in applicable box)

□　　　　, made out to the order of the
marked "________" and "Notify accountee"

⑦□　　　,　　　for　　% of the invoice value.
Insurance polices or certificates must expressly stipulate that claims are payable in the currency of the drafts and policies or certificates must also indicate a claim settling agent in Korea. Insurance must include:
Institute Cargo Clauses : ________

⑧□ **Signed commercial invoice in**

⑨□ **Packing list in**

⑩□ **Other document(s) (if any)**

⑪Commodity Description

Name of Commodity	Quantity	Unit Price	Amount
Country of Origin			

⑫Shipment from　　　to　　　Latest

⑬Partial shipments are　　　Transhipment is

⑭ Documents must be presented within _____days after the date of issuance of B/L or other transportation documents.
⑮ Special condition(s) : All banking charges including postage, advising and payment commission outside Korea are　for account of _____ ____________Shipment by ________

위와 같이 신용장발행은 신청함에 있어서 위 기재사항이 수입허가(승인)사항과 틀림없음을 확인하고 따로 제출한 수입거래약정서의 각 조항에 따를 것을 확약하며 아울러 위 수입화물에 관한 모든 권리를 귀행에 양도하겠습니다.

인감대조

Except so far as otherwise expressly stated, this credit is subject to the : Uniform Customs and Practice for Documentary Credits : (2007Revision) International Chamber of Commerce, Publication NO. 600

신청인　　　　인
주　소

지급보증확인	Checked By	Approved By

계	대 리	차 장	부 점 장

참고문헌

무역아카데미, 「무역계약」, 한국무역협회, 2011

무역아카데미, 「무역실무개요」, 한국무역협회, 2011.

무역아카데미, 「수출입대금결제」, 한국무역협회, 2011.

무역아카데미, 「수출입시뮬레이션」, 한국무역협회, 2011.

무역아카데미, 「무역실무 매뉴얼」, 한국무역협회, 2007.

박광서, 「무역결제」, 삼영사, 2008.

박광서, 「무역운송」, 한국무역협회, 2006.

박명섭, 「글로벌무역의 이해」, 아카데미프레스, 2007.

박명섭, 「국제물류의 이해」, 법문사, 2010.

박명섭 · 신정식, 「국제상무」, 아카데미프레스, 2011.

박성철 · 홍선의, 「해상보험론」, 영민, 2012.

서정두, 「국제상무론」, 삼영사, 2006.

양영환 · 오원석 · 박광서, 「무역상무」, 삼영사, 2012.

오원석, 「최신국제비즈니스계약론」, 삼영사, 2011.

오원석 · 이병문, 「국제비즈니스 영어」, 삼영사, 2007.

최상래 · 최병순, 김현지, 「글로벌 무역영어」, 2008.

ICC, Incoterms® 2010.

찾아보기

ㅅ

ㅇ

ㅈ

ㅊ

ㅋ

ㅌ

ㅍ

ㅎ

영어

| 저자 약력 |

김 재 성 경영학박사
한국무역학회 무역아카데미 교수
국제무역사 출제위원
무역영어 출제 및 감수위원
현) 배화여자대학교 국제무역과 교수

박 세 훈 경영학박사
한국무역학회 무역아카데미 교수
지식경제부 지식경제전문가
무역영어 출제 및 선정위원
현) 상지대학교 무역학과 교수

현대무역실무 시뮬레이션

발행일 | 2012년 9월 1일 초판 발행
2014년 8월 25일 2쇄 발행
저 자 | 김재성 · 박세훈
발행인 | 홍진기
발행처 | 아카데미프레스
주 소 | 413-756 경기도 파주시 문발동 출판정보산업단지 507-9
전 화 | 031-947-7389
팩 스 | 031-947-7698
웹사이트 | www.academypress.co.kr
등록일 | 2003. 6. 18 제406-2011-000131호
ISBN | 978-89-97544-16-5 93320

값 15,000원